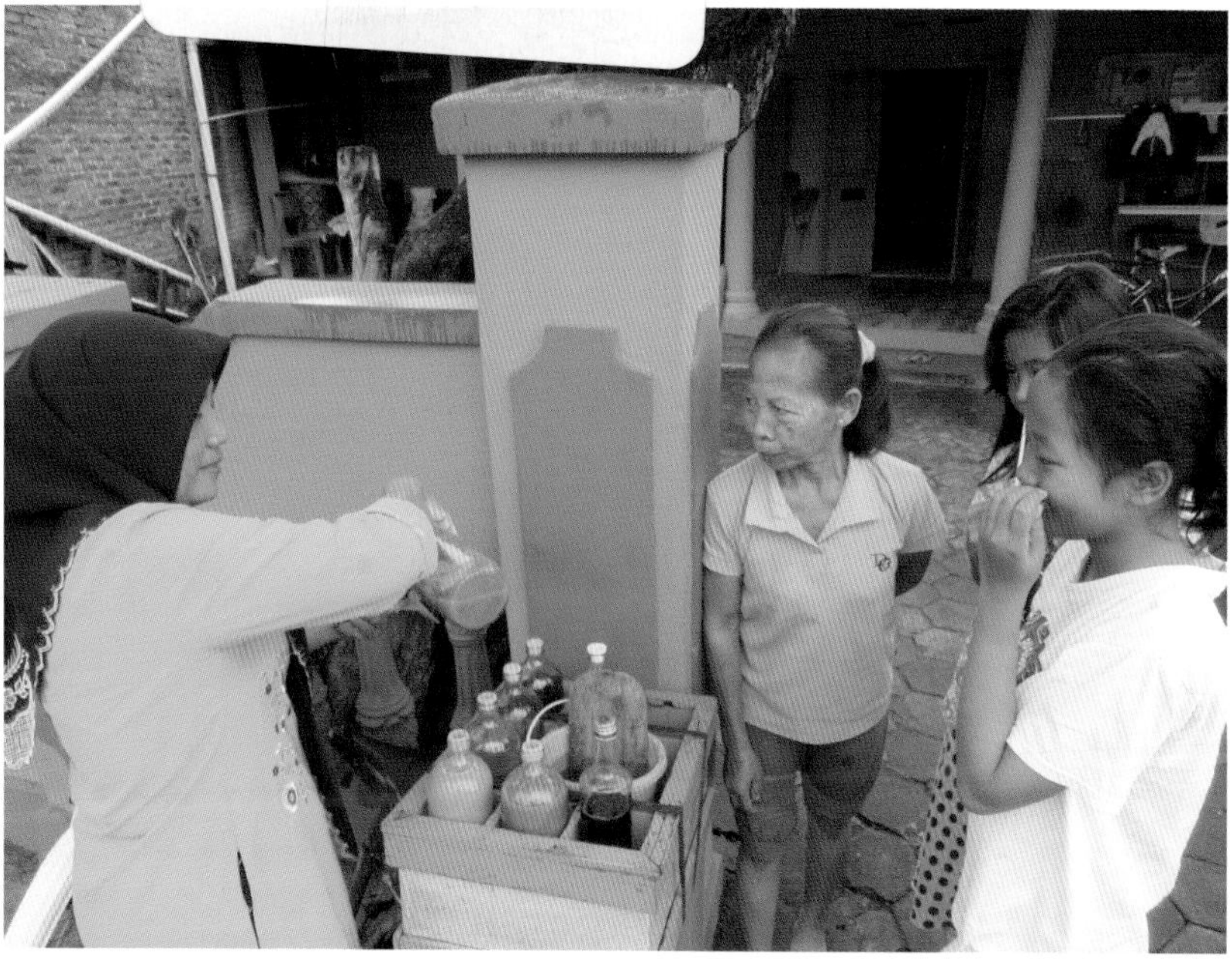

行商中のＧ氏とジャムウを飲む顧客（装丁と同じ写真。本文 52 頁・写真 21 と同様の顧客。以下写真は筆者撮影、プライバシーを配慮し、一部は顔を画像生成により改編した）

市場でジャムウを販売する行商婦人（本文 4 頁・写真 2 参照、顔は改編）

行商婦人の伝統的なスタイル（本文 11 頁・写真 5 参照、顔は改編）

行商中のＧ氏

行商に使用している自転車（本文 41 頁・写真 17 参照）

ジャムウ作りで黄色く染まった手先（本文35頁・写真14参照）

中部ジャワ州の市場で売られている薬草（本文4頁・写真1参照）

ジャムウ作りの様子（本文33頁・写真12参照）

G 氏が販売するジャムウ飲料の種類（本文 29 頁・図 5 参照）

図5

G 氏が販売するジャムウ飲料の種類（本文 29 頁・図 5 参照）

薬草とともに生きる
インドネシアのジャムウ行商婦人と顧客

目次

装丁＝オーバードライブ・前田幸江

薬草とともに生きる——インドネシアのジャムウ行商婦人と顧客

杉野 好美

はじめに

筆者は、インドネシアの中部ジャワにある地元の市場を訪れた時、市場の一角に山積みされたさまざまな薬草を目にした（写真1）。そこには、幼い頃、本や漫画で読んだ薬草の世界が広がっていた。ワクワクしながらその空間を見まわしたことを今でも覚えている。

本書は、ジャワ島中央に位置する中部ジャワ州で（図1）、主にジャワ人を中心に親しまれている伝統的薬草飲料「ジャムウ」(*jamu*)と、それを手作りし販売するジャムウ行商婦人、そのジャムウ飲料を日常的に飲む人々を紹介する。ちなみに、ジャムウにはさまざまな種類があるが（第一節1項に記載）、本書ではそのうちの一つである行商婦人が作るジャムウ飲料を中心に取り上げる。日本ではなかなか目にする機会が少なくなった、薬草が身近にある暮らしだ。

地元の市場やスーパーマーケットに行くと、その土地の食材や物が並び、売り買いする人々の生活の一部を見ることができる。中部ジャワの市場でも、なじみの少ない熱帯地域で育った野菜や果物が売られている。もしいつか読者がこのような市場を訪れることがあれば、遠慮なくいろいろなものを試してみることを、筆者はお薦めする。

写真１　中部ジャワ州の市場で売られている薬草（2014年、スマラン市、以下、記載のないものはすべて筆者撮影）

写真２　市場でジャムウを販売する行商婦人（2015年、ジョグジャカルタ市、以下、プライバシー保護のため、顔にぼかしを入れている）

そして、その中から薬草を探してみると、日本でも香辛料として使われているシナモン、コショウ、クローブが売られている。インドネシアの薬草の代表格といえば、やはりウコンやショウガなど根茎類[1]である。根茎類の種類は豊富で、初めて見ると種類の区別がつきにくい。しかし根茎類を食べ調理していると、大きさや色、香りを確かめ、種類の違いがわかってくる。ウコンはインドネシアでよく利用され、このインドネシアのウコン（*Curcuma domestica* Val.）と日本に多く流通している秋ウコン（*Curcuma longa* L.）は種類が少し異なる［由田　二〇〇五：一七、Kementerian Kesehatan Republik Indonesia 2011: 62］（以下 Republik Indonesia を RI と略す）。本書ではこれらを区別するために、日本産を「アキウコン」、インドネシア産を「ウコン」と表記する。ウコンは、秋ウコンと比べて根茎の色がよりオレンジ色である。インドネシアの薬用植物の多くは家庭料理の調味料に使われるが、他にも薬用植物の葉と合わせて、温かい薬草茶や新鮮な薬草ドリンクとして利用されることもある。

ジャムウで有名なジャワ島のジョグジャカルタ市やスラカルタ市（図２）の市場では、ジャムウ飲料を売っている婦人がいる（写真２）。また、道端でジャムウの入った数本のガラス瓶を籠に背負ったり、手押し車で売り歩いたり、自転車やバイクの荷台にジャムウ飲料を積み行商する者もいる。もしこのような婦人が見つからない時、地元の人に聞くと、婦人に会えそうな時間帯や場所を教えてくれる。彼女たちはジャムウゲンドン（*jamu gendong*）と呼ばれている。ジャムウ行商婦人は、販売ごとに自身のレシピでジャムウ飲料を手作りし、そのジャムウは黄色や黄土色、緑色、茶色など色鮮やかで、薬草から抽出された自然の色である。

筆者がインドネシアの薬草に興味を持った経緯を簡単に紹介する。二〇一一年から、国際協力機構（JICA）の主催する青年海外協力隊の保健師で、インドネシアの南スラウェシ州（スラウェシ島、図1）では県の保健局に在籍していた。法律で整備された近代医学[2]の下、地域医療の制度やサービスを活用し、その地域に多い健康課題の解決に取り組んでいた。南スラウェシの生活が一年過ぎた頃、筆者は地元の人が保健センターなど近代医療だけでなく、薬草オイルや薬草茶を健康維持や軽症に利用していることがわかった。例えば、南スラウェシ州ではミニャ・ゴソ[3]（*minyak gosok*）という薬草オイルが有名で、虫刺されや筋肉痛等塗り薬として、この地域の家庭の常備薬であった（写真3）。筆者も蟻に足を刺された時、このオイルを勧められ、患部に使用し、オイルの香りが強かったことを記憶している。また別の日、山間部に住む七〇歳代の女性が、疲労回復の目的で、庭で育てているトゲバンレイシ[4]の木から葉を数枚取り、鍋を用いて煎じ、薬草茶として飲んでいた。これは、インドネシア語でシルサック（*sirsak*）と呼ばれ、葉は緑色で固く、薬草茶は苦みが少なく飲みやすい。さらに、保健局や保健センターの同僚に、地域で使われている薬草について教えてほしいと尋ねたところ、外でヤエヤマアオキの果実[5]を見かけると「これが吐き気に効く」と教えてくれた。別名の「ノニ」と

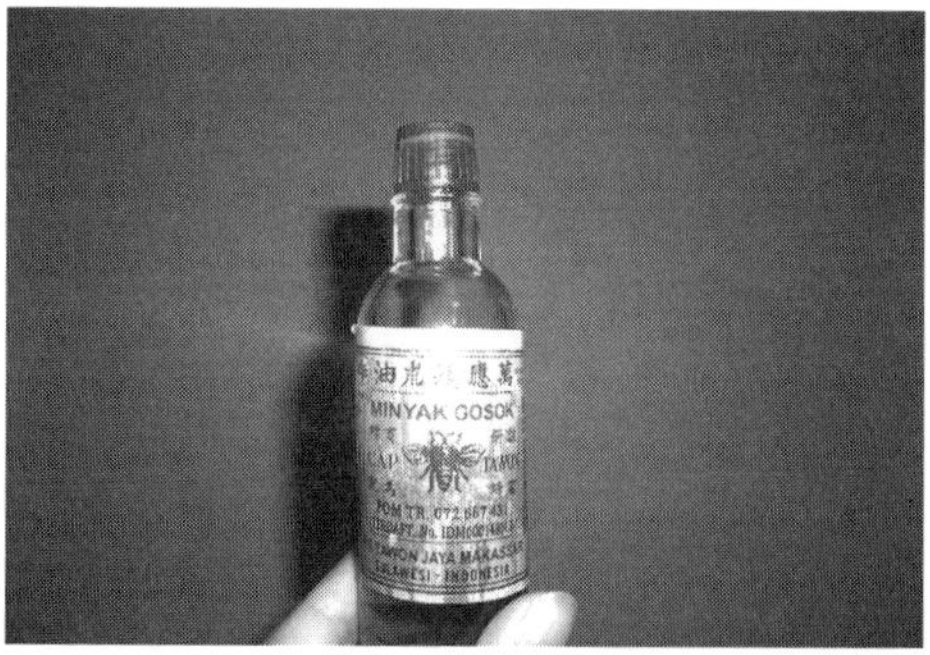

写真3　南スラウェシ州で有名な薬草オイル、ミニャ・ゴソ。南スラウェシ州の家庭の常備薬である（2012年）

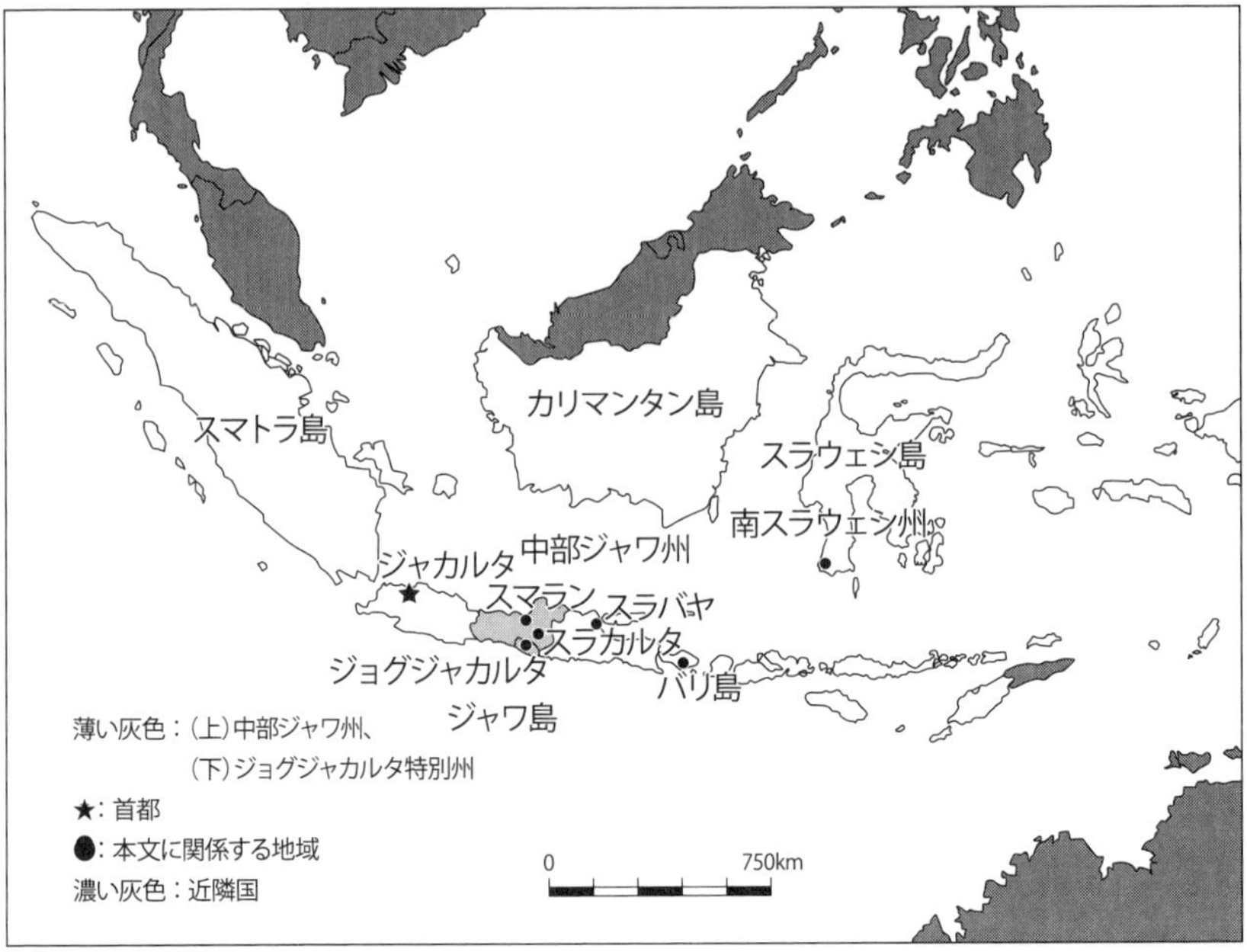

図1　インドネシア全土地図　(筆者作成)

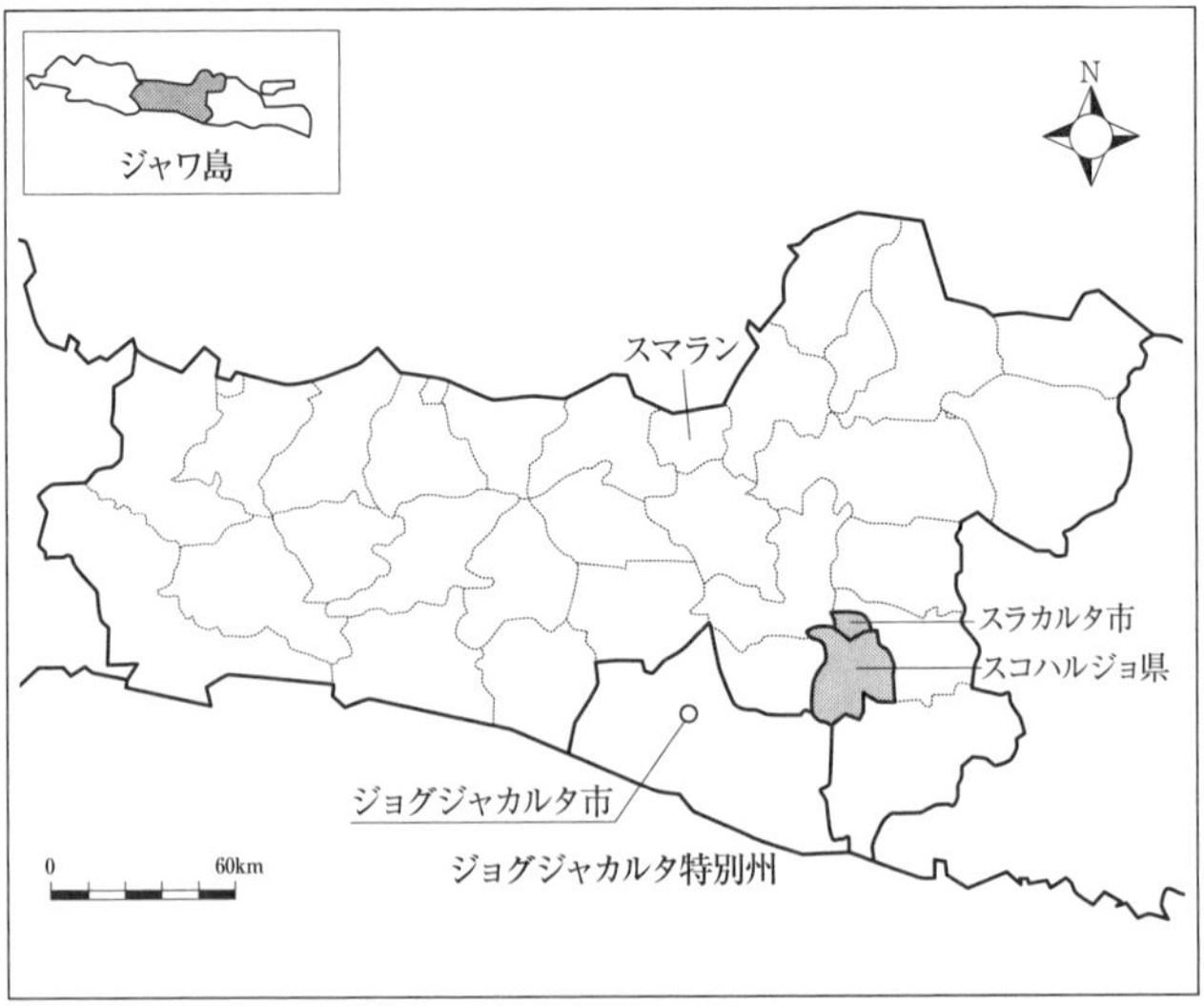

図2　中部ジャワ州地図　(筆者作成)

聞くとイメージできるかもしれない。このように、薬用植物の利用など家庭の医学が人々の生活の身近に存在した。

筆者が行商婦人のジャムウを初めて飲んだのは、友人から「道端で薬草飲料が売られている」と勧められた時だ。オレンジ色のグラスに注がれた一杯のジャムウを飲み、「あまりおいしくないな」と思った。その頃は、ジャムウについて取り立てて関心がなかった。しかしバリ島でジャムウのワークショップに参加し、実際にウコンやタマリンド（*Tamarindus indica* L.）［由田　二〇〇五：七二］等複数の薬用植物を組み合わせ、ジャムウを手作りし飲んだ時、「材料も自然で、味もおいしい」と感動した。さらに薬草に詳しいバリ人から、庭先や道端で育っている薬用植物と薬効を学び、薬用植物の種類が多いことを知った。この頃、病気の予防について、地域に伝わる薬草を活用することも健康維持の一つであり、大切な地域の智慧であると思った。その後、インドネシアにあるさまざまな薬草のうち、代表的なものがジャムウだと知った。筆者はジャムウで有名な地域に実際暮らし学びたいと、中部ジャワ州スマラン市の大学で伝統的薬草療法コースに一年間留学した。そして、筆者は現在もジャムウの探求を続けている。

本書の構成は、第一節でインドネシアの伝統的薬草療法ジャムウやジャムウ行商婦人、近代医療、ジャムウの歴史、さまざまなジャムウ、第二節で村の行商婦人のジャムウやライフヒストリー、第三節で行商婦人のジャムウ作りや行商の様子、第四節でジャムウを飲む人々と村人、ジャムウを飲まない人々、第五節でジャムウに関する政府の取り組みやジャムウ産業、現代のジャムウ、ジャムウ行商婦人の今後のゆくえをまとめた。コラムで、ジャムウの作り方やジャムウを体験できる場所を紹介する。行商婦人と日常的にジャムウを飲む人々を通じて、生活の中に薬草が身近にある社会を知ってもらえたらと思う。

筆者は、行商婦人のジャムウ作りや健康習慣としてジャムウを飲む人々を見聞きする中、かつて日本も、人と薬草の自然のかかわりがあったのだろうと想いをはせる。近代化が進むインドネシアで、先人から受け継がれてきた薬草の智慧を、次の世代にどのようにつないでいくのか、村のジャムウ利用の事例から探っていきたい。また、「健康・保健・医療」と聞くと病院や薬など近代医療をイメージするかもしれない。しかし近代医療が中心になる以前から、それぞれの地域に健康習慣や病気への対処、手当が存在することを、ジャムウを通じて気づいてもらい、ふと意識を向けると、読者の身の回りにも先人からの受け継がれた健康資源があるだろう。

一　ジャムウとは

1　ジャムウについて

ジャムウの説明の前に、インドネシアの薬草について説明する。インドネシアは、数千の島々からなる群島国家で、ブラジルに次ぐ生物多様性の宝庫である。熱帯雨林の面積は約一億四三〇〇万ヘクタールで、世界の薬用植物の約八割が生育している［Elfahmi *et al.* 2014: 52］。政府は薬用植物の種類は七〇〇〇だと述べているが［Kementerian Kesehatan RI 2011: v］、実際数のデータはさまざまで、二五〇〇種類以上の薬用植物が認識されている。国立医薬品食品監督庁(6)（BPOM）では、一一八二種類が正式に登録され、残りの種類は民間で利用されている［Elfahmi *et al.* 2014: 53］。また、民族の数は約三〇〇あり、各民族や地域で薬用植物が利用され、利用法に違いがある。筆者のカウンターパートで、西ジャワ州のスンダ人の薬用植物利用の調査を行ったRoositaは「ジャワ島の西ジャワ州と中部ジャワ州で薬用植物やジャムウの利用が異なる」と語った(7)。また、人口の八割以上がイスラーム教徒であり、アラブ諸国のイスラームに関連した医薬品や薬用植物の製品、さらに華僑による中医学の医薬品や薬用植物の製品も流通している。このことから、インドネシアは近代医療を中核とし、いくつもの伝統医療や民間療法(8)が併存する多元的ヘルスケア社会(9)である。

インドネシアの伝統医療の中で特に人気のものが、ジャワ島を中心に用いられているジャムウである。このジャムウ（*jamu*）は、「ジャムー」や「ジャムゥ」と表記されることもある。ジャワ島中央部で発展したと云われる民間薬で、病気の症状に適した伝統的処方に従い、主に植物を調合した「生の薬剤」である［高橋　一九九五：一八］。人々は病気の治療や予防、美容、女性の月経や産後のケア、男性の精力剤等で日常的に利用し［高橋　一九八八：五―八］、狭義の医療だけではなく、健康増進飲料でもある。二〇一八年の国勢調査では、約四四％の世帯で過去一年以内に伝統医療を利用し［Kementerian Kesehatan RI 2019: 274］、一五歳以上の国民四九・五％がジャムウを飲用していた［Kementerian Kesehatan RI 2011: v］。

ジャムウの語源は、ジャワ語およびインドネシア語で、「客をもてなす」、「植物の根や葉などから作られた薬」のふたつの意味がある［高橋　一九八四：四四］。その他「薬」という単語には、インドネシア語でオバット（*obat*）、ジャワ語でジャムピ（*jampi*）等、バリ語ではウサダ（*usada*）等がある［高橋　一九八八：一四―一五］。第二節に登場するジャムウ行商婦人は、行商時の声かけに「ジャムピ、ジャムピ、ブ。」と言う。ジャムピ（*jampi*）はジャワ語でのジャムウのこと、ブ（*ibu*）は婦人の省略で、ジャムウ行商婦人が来たという意味を表す。「ジャムウ」という言葉だけでなく、「ジャンピ」も現代の村で利用されている。

筆者が「ジャムウ」と聞いてまず思い浮かべるものは「薬草飲料」であり、おそらく多くのインドネシア人も同様であろう。ただし、広義のジャムウの形（以下、剤形）はさまざまである。長年受け継がれてきた剤形は、本書が対象とする内用液剤の薬草飲料も該当する、新鮮な薬草をすり潰した液状の飲み物、煮沸後の搾り汁、薬草を煎じた煎液がある［高橋　一九八八：四三］。また、複数の乾燥させた薬草を調合した煎剤用（ゴドガン・*godogan*）は地元市場等で売られ、小規模の伝統薬（ジャムウ）製造会社によって作られたものが多い。外用では、市場や庭先から採った薬草をすり潰し塗ったり時に貼ったりするペースト状のもの、水で溶き皮膚に擦り込む塗擦剤（パルム・*parem*）や頭部湿布剤（ピリス・*pilis*）など固形のもの［高橋　一九八八：四三］、薬草オイルがある。近年民間の伝統薬製造会社による錠剤・粉末剤・カプセル剤・シロップ・クリーム剤・軟膏剤などもある［Elfahmi *et al.* 2014: 56］（詳細は、6項に記載）。

2　ジャムウ行商婦人について

ジャムウには、さまざまな販売形態があるが、その代表格にジャムウ行商婦人が作るジャムウ飲料がある。冒頭で述べたように、ジャムウ行商婦人はインドネシア語でジャムウゲンドン（*jamu gendong*）と呼ばれている。ゲンドンの意味は「何かを手や背中に乗せて運ぶ」だ［Elfahmi *et al.* 2014: 52］。本書ではジャムウ行商婦人を「ジャムウゲンドン」、その飲み物を「ジャムウ」と定義する。(10)

ジャムウ行商婦人とは、数種類のジャムウを手作りし、自分の決めた販売地域で顧客の家の前または道ばた、地元の市場で直接販売する行商人で、ほとんどが女性である［Beers 2001: 129］。このジャムウ飲料は一般的に複数の薬用植物から作られ、販売ごとに手作りされるため、新鮮な状態で提供される［Elfahmi *et al.* 2014: 52; Limyati and Juniar 1998: 202］。多くのジャワ人は、煎剤用や既製品のジャムウより、行商婦人が手作りする新鮮なジャムウの方が効果的だと考えている［Beers 2001: 40, 42; Laplante 2016: 29］。

ジャムウ行商婦人（以下、行商婦人）の伝統的な装いは、数本のジャムウが入った瓶を背負いかごに入れ、そのかごを肩から担ぎジャワ更紗（バティク）で巻き、片手にはバケツを持ち歩いて行商する［高橋　一九八四：四四］。ジャムウが入ったかごは重く体力が必要な仕事である。服装はブラウスに巻きスカートである。行商婦人は健康や美容に関係するジャムウを顧客に提供するため、彼女たちは健康かつ身なりに気を付ける必要があった。ジャムウ行商婦人の大会があり、審査員はジャムウの味・新鮮さ・品質だけでなく、行商婦人の身なりや態度、ジャムウ作りに使われる彼女たちの手も審査対象となる［Laplante 2016: 39; 行商婦人の聞き取り］。ちなみに、街や村で見かける行商婦人の日常的な服装は伝統的な装いとは異なり、カジュアルで動きやすいものである（写真5）。

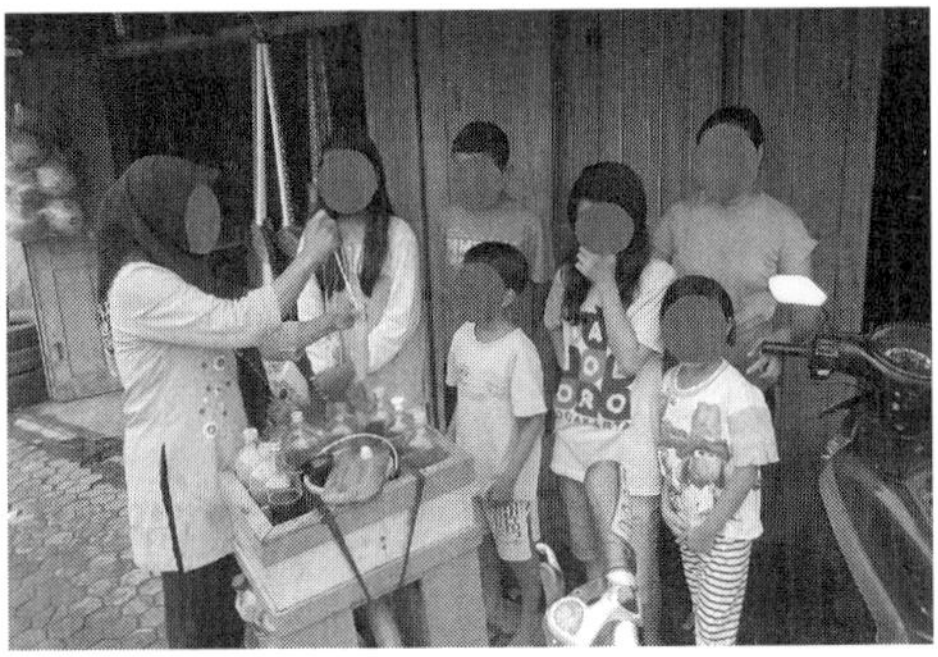

写真 4　ジャムウ行商婦人と顧客の様子（2018 年）

　行商婦人がジャムウを提供する手段はさまざまである。地元の市場で所定の販売区画を借り一カ所にとどまって販売する者、二輪タイヤの移動式屋台を押しながら徒歩で行商する者、自転車やバイクの荷台にジャムウの瓶を入れて行商する者もいる。ちなみにジャムウに限らず、インドネシアでは行商が一般的な販売形態で、都市部や村落に限らず、商人が調理したさまざまな飲食品（肉団子や焼き鳥等）を家の前や近所で販売する様子を見かける。顧客は家に居ながらジャムウを飲むことができ、行商婦人やそのジャムウは地域に密着し昔から支持されてきた。また行商婦人らの出身地は、スラカルタ市近郊やジョグジャカルタ市近郊の者が多い［Beers 2001: 129］。行商婦人の中には、首都のジャカルタや他の島に出稼ぎに行き、そこでジャムウを販売する者もいる。筆者が南スラウェシ州で出会った行商婦人もジャワ島出身者であった。

写真 5　行商婦人の伝統的なスタイル。伝統的なジャムウ行商婦人の衣装を着るG氏（2019 年）

　行商婦人のジャムウは、行商婦人ごとに独自のレシピがあり、材料や分量、調理法、利用する道具等大小違いがみられる。また、販売するジャムウの種類や販売ごとに作るジャムウの量も異なる。材料や作り方といったジャムウのレシピは、一般的に、母親や叔母、祖母など血縁の女性から口承で学んでいることが多い。行商婦人の中には、近所の年上の女性から教えてもらった者や、本から学んだ者もいた。行商婦人のジャムウは、独自のレシピでありながらも、共通する部分も多い。例えば、ジャムウの代表格であるクニ・アスム（*Kunyit asam*）や、ブラス・クンチュル（*Beras kencur*）、グラ・アスム（*Gula asam*）は、特に人気があるため、多くの行商婦人がこれらの種類を販売している。本書では、ジャムウの名称や薬用植物の呼び方は高橋澄子の著書（一九八八年）に準ずる。そして、ジャムウの材料や作り方にも共通点が見られ、一例として、クニ・アスムの材料は、ウコン（インドネシア語でクニ、*kunyit*）と、タマリンド（インドネシア語でアスム、*asam*）が主な材料で、どの行商婦人もウコンとタマリンドを利用する。少し話がそれるが、ジャムウの種類の名前は、主な薬用植物の材料の名前を組み合わせたものが多く、その他に飲料の味が苦いため「パヒット、*Pahit*」（意味は苦い）と呼ばれるものもある。ジャムウが親しみのある飲み物であることが想像できるかと思う。

余談ではあるが、ジャムウを売る瓶の本数は、行商婦人が既婚者なら偶数、未婚者なら奇数であるとされ［Beers 2001: 130］、第二節に登場する既婚者の行商婦人は八種類、偶数のジャムウを販売していた。また、いくつかのジャムウ飲料は、年齢や性別に関係なく飲めるものと、性別や各年齢層に特化したものがある。そして、行商婦人のほとんどが女性で、顧客も女性が多い［高橋　一九八六：七二］。もし男性の行商人からジャムウを買うと、女性顧客は気まずさや恥ずかしさを感じるという意見もあった［Beers 2001: 129］。筆者は、一度ジョグジャカルタ市で男性がジャムウを販売する姿を見たが、非常に稀で、この男性が販売するジャムウは男性販売員の妻が手作りしていた。

3　インドネシアの概要と近代医療

インドネシアの国について説明する。インドネシアは約一万六〇〇〇以上の島がある島嶼国で［Kementerian Kelautan dan Perikanan RI 2023］、人口約二億七〇〇〇万人と、世界で四番目に多い［Badan Pusat Statistik RI 2021］（以下 BPS と略す）。人口は都市部に集中し、人口の半数以上がジャワ島に住んでいる［BPS RI 2021］。民族の中でジャワ人が多い。宗教はイスラーム教が約八六％（二〇一九年）で、近年増加傾向にあり、その他、キリスト教、ヒンドゥー教、仏教、儒教等がある［外務省　二〇二三］。経済は、近年急速な経済発展をとげていたが、新型コロナウィルス感染症（以下COVID-19）蔓延の影響を受け、二〇二〇年に国内総生産（Gross Domestic Product：GDP）成長率がマイナスになったが、二〇二一年に再び成長率が三・六九％に回復した［外務省　二〇二三］。主要産業は製造業や農林水産業で、日本にとって重要な貿易相手国である［外務省　二〇二三］。

インドネシアの近代医療について説明する。急速な経済発展と生活様式の変化に伴い、生活習慣病や高齢化（六・四％）による慢性疾患が増加している［Kementerian Kesehatan RI 2022: 1, 7］。主な死因上位十位は以下である（二〇一九年）［Institute for Health Metrics and Evaluation 2019］（以下 IHME と略す）。一位は脳血管障害、二位は虚血性心疾患、三位は糖尿病、四位は肝硬変、五位は結核、六位は慢性閉塞性肺疾患、七位は下痢に関する疾患、八位は高血圧性心疾患、九位は肺がん、十位は下気道感染であった。結核や下痢に関する疾患、下気道感染症以外、生活習慣と関係する非感染性疾患に含まれる(11)（Non Communicable Diseases: NCDs）。肝硬変の一部にも生活習慣病が起因する。非感染性疾患への対策は、保健センターで患者の把握や、リスクの高い患者の早期発見や保健指導を行っている［Kementerian Kesehatan RI 2022: 236］。さらに、死因に加え障害の要因に、新生児疾患や交通事故、腰痛があり、母子保健、交通整備や指導、労働環境の管理など健康課題が多岐にわたる［IHME 2019］。死因や障害の危険因子の上位に、高血圧、たばこ、食事があげられ［IHME 2019］、健康教育など国民の健康意識を高める必要がある。また、COVID-19 の蔓延で累計約六七万人の感染者と、約一六万人もの死者を出した（二〇二三年二月時点）［World Health Organization 2023］（以下 WHO と略す）。保健省をはじめ医療機関はこの対応に追われた。追加予算は医療保健、社会保障の順に多かった［東方　二〇二一］。大規模社会制限（*Pembatasan Sosial Berskala Besar*: PSBB）により国民や企業に自主的活動制限が要請され、ジャワ島とバリ島で緊急活動社会制限措置（*Pemberlakuan Pembatasan Kegiatan Masyarakat*: PPKM）により経済活動と社会活動を大きく制限した［亀山　二〇二二：七三—七四］。保健省は五つの健康プロトコル（*Protokol Kesehatan 5M*）である手洗い・マスク着用・

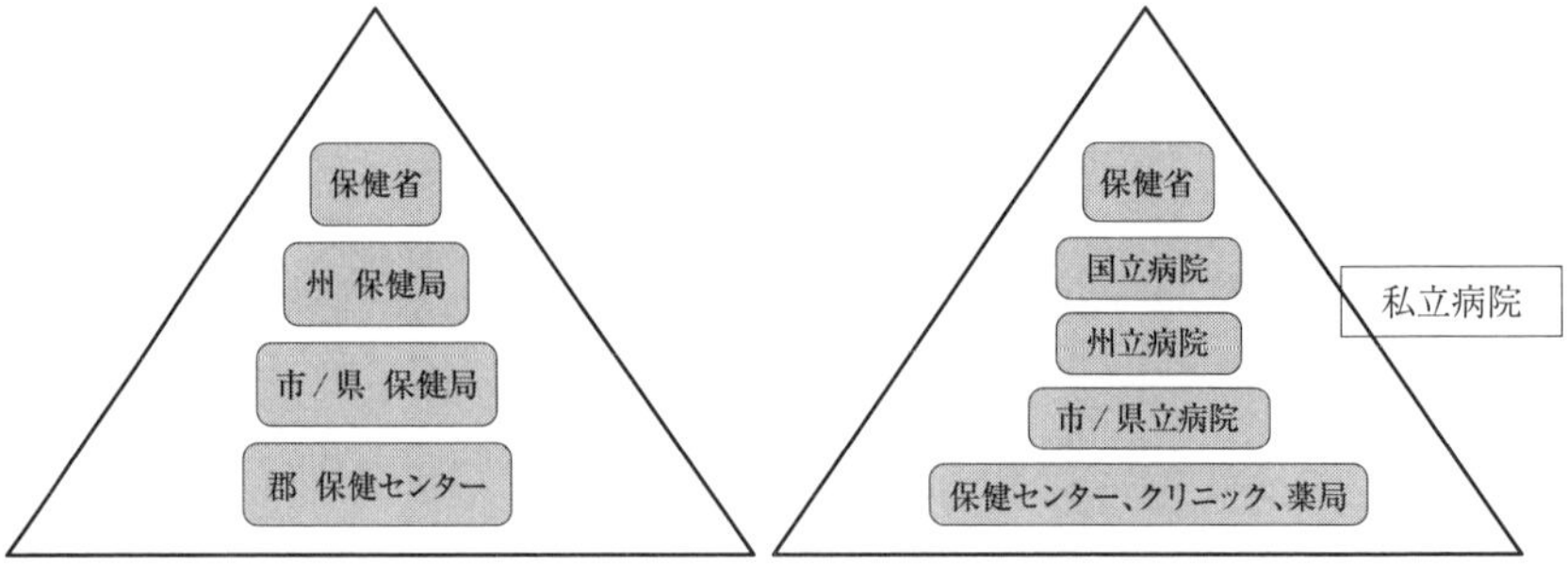

図3　インドネシアの近代医療の保健・医療機関　（筆者作成）

人と距離を保つ・人混みを避ける・移動を減らすことを実施し、併せてワクチン接種を促した［Kementerian Kesehatan RI 2022: 197-198］。

インドネシアの近代医療の保健・医療機関について、図3に示す。向かって左側は、主に病院以外の保健サービスや保健プログラム等を行う機関で、保健省、州の保健局、市または県の保健局、保健センターで構成されている。保健センターは、保健サービスやプログラムと併せて地域の診療所の役割も担っており、全国に一万二九二施設ある［Kementerian Kesehatan RI 2022: 22］。また村レベルで、保健ポスト（*Poskesdes*）や巡回型の保健サービス（*Posyandu*）がある。向かって右側は病院で、統括する保健省、国立病院（軍や警察の病院、国有企業の病院含む）、州立病院、市立または県立病院、診療所にあたる保健センターやクリニック、薬局、民間では、私立病院（企業・個人など）がある。病院数は、三〇四二施設で、一般病院と専門病院があり、各病院は上からA、B、C、Dのクラスに分けられ、Cクラスの病院が半数以上と多い［Kementerian Kesehatan RI 2022: 41-42］。

二〇一四年から、公的医療保険制度である国民医療保険（*Sistem Jaminan Sosial Nasional Program Jaminan Kesehatan*: SJSN Health）が開始され［経済産業省　二〇二一：二六］、すべての国民に一定の医療を提供できるようになった。通常の受診の流れは、一次医療機関である保健センターあるいはDクラスの病院、クリニックで診察を受け、高次医療機関の受診は、医師の紹介状が必要になる。一方で国民医療保険は複数の課題があり、財源不足や周知不足、診療報酬が低いため、この医療制度を利用しない民間病院の増加等である〔経済産業省　二〇二一：二六〕。さらに、国民は市販薬を薬局やコンビニエンスストアで手軽に入手できるため、利用者も多い反面、適切な薬の選択や利用、病院受診の遅れなど課題がある。伝統医療の話に戻るが、図3の左側の保健省、州の保健局、市または県の保健局、保健センターには、それぞれ薬用植物・伝統医療の部署が設置されている〔Kementerian Kesehatan RI 2022: 31-32, 51〕（詳細は第五節1項に記載）。

4　世界の伝統医療と民間療法

世界の伝統医療や民間療法について説明する。伝統医療の中で有名なものに、中国の中医学やインドのアーユルヴェーダがあげられる。これらはそれぞれの土地で生まれた有力な治療法のシステムであり、近代医療と同程度の正統性や国民からの支持を得ている〔ヘルマン　二〇一八：九三〕。欧米諸国では、近代医療以外の医学を補完代替療法[12]（Complementary and Alternative Medicine: CAM）として、セルフケアまたは治療家による民間療法が人々の間で利用されている。例えば、ヨーロッパでは、補完代替療法が急速に拡大し、その種類は国によって好みが異なる〔ヘルマン　二〇一八：九四〕。また、アメリカ合衆国では、医療の公的保障が低く医療費が割高であることも一因となり、比較的安価な補完代替療法であるサプリメントやハーブを利用する者が多い〔小野　二〇〇九：四一、四六〕。アメリカ政府は、補完代替療法の研究に力を入れ、国立補完代替療法センターを設けている（National Center for Complementary and Alternative Medicine: NCCAM）〔今西　二〇〇九：二〕。日本では、漢方や鍼灸があり、漢方は医師の処方箋や薬局で市販薬として販売され、漢方薬や鍼灸の一部に医療保険が適用されている。一つの街で補完代替療法の利用に関する調査を行ったところ、六〇％の者が利用していた〔今西　二〇〇九：一〇―一二〕。

WHOの調査によると、一九四カ国のうち、伝統医療と補完代替療法に関する国家政策のある国は九八カ国、薬用植物を公式に実践している国は七九カ国であった（二〇一八年）〔WHO 2019: 15, 19-20〕。伝統医療や民間療法、補完代替療法が注目される背景には、各国が抱える医療制度や医療費の問題があり、近代医療では直ちに根治できない慢性疾患や心因性疾患が増加し、再発性疾患など近代医療の手法をもって力に及ばない領域がある［今西　二〇〇九：四］。そして、病気だけでなく、患者の生活やこころにも配慮した全人的な診断・治療・ケアが必要である。また、これらは患者の生活の質（QOL: Quality of Life の略）や日常生活動作（ADL: Activity of Daily Life の略）を高めることができる［今西　二〇〇九：四―五］。さらに、患者の意識も高まり、現代人の要求にかなっている伝統医療や民間療法、補完代替療法を、公的医療保険制度へ適用するなど近代医療と組み合わせることが、今後の課題である［今西　二〇〇九：五―八］。

5　ジャムウの歴史とジャワの概要

ジャムウの歴史やジャムウが発展してきたジャワ社会について説明する。ジャムウの発祥地について、具体的な場所はわかっていないが、多くのインドネシア人は、ジャワ島中央部に位置する中部ジャワ州のスマラン及びスラカルタ地方と考えている［高橋　一九八八：二二］。スマラン市は中部ジャワ州の州都で、ジャワ最初のイスラーム王国デマクより少し南西部の湾岸都市であり、スラカルタ市はマタラム王国の王都であった［高橋　一九八八：二二］。ジャワ島の中央部や東側に多くのジャワ人が住み、特に中央部では王宮のあるスラカルタ市やジョグジャカルタ市を中心に、ジャワの伝統や文化が受け継がれている。また、中央の内陸部はメラピ（Merapi）山をはじめとする休・活火山があり、肥沃な土壌と豊富な湧き水に恵まれ、農業に適した土地である［京都大学東南アジア研究センター　一九九七：一八］。農作物の生産高は高く、ジャムウに使われる薬用植物の一部は山間部の農地で栽培されていることから、ジャムウの発展の地理的条件が揃っている。

古代の医療や薬は、その土地や時代の文化、特に宗教思想と密接な関係があった［高橋　一九八八：二二］。ジャワの社会では、宗教が伝来する以前から祖先崇拝や精霊信仰があり、これらを慣習（アダット、*adat*）と呼び、宗教（アガマ、*agama*）と区別している［木村　二〇一〇：一四］。ジャムウがいつごろから使われるようになったかは明らかではない。しかし、ジャムウに関する古い痕跡が、中部ジャワ州クドゥ盆地にある仏教遺跡ボロブドゥール（Borobudur）にある［高橋　一九八四：四四］。遺跡は八世紀後半に建造が始まり、九世紀の中頃に完成したとみられ、この時期、大乗仏教を信奉したシャイレンドラ家が実権を握っていた［京都大学東南アジア研究センター　一九九七：四三六］。建物は九段の回廊から成り、下から第四回廊まで仏典の浮彫パネルや装飾パネル、その上の回廊に七二の鐘形ストゥーパが配置された遺跡である［高橋　一九八八：一四、一六］。遺跡の第一回廊主壁の壁画に、ジャムウに関連した浮彫がある。それは高床式の家に居る三人のうち、前方の男性が髭を生やした伝統的治療家（ドゥクン、*dukun*）かまたは村の有力者で、その後ろに女性二人が座り、真ん中の女性が石板（ピピサン、*pipisan*）と石棒（ガンディ、*gandi*）で何か薬草を潰している（写真6）［高橋　一九八八：一六、Sutarjadi *et al.* 2012: 1］。女性の様子が伝統的なジャムウ作りと類似し、ウコンやショウガなど根茎類の薬草をすり潰す時、このような伝統的な道具が使用されている。この遺跡とともに、同じ時代に建てられたヒンドゥー寺院遺跡プランバナン（Prambanan）はともに世界遺産に登録され、多くの観光客が訪れている［Dinas Kepemudaan, Olahraga dan Pariwisata Jawa Tengah 2018: 2］。

写真6　ボロブドゥール遺跡のジャムウに関係する壁画（2015年）

ジャムウが伝わった経路は、高橋澄子の研究によると、患者の病気を治療するため薬草を処方し祈りを唱えた「伝統的治療家」やスラカルタ市・ジョグジャカルタ市などにある「王宮」から、「民間」へ広がった［高橋　一九八四：四六―五二］。伝統的治療家のジャムウは、先述したボロブドゥール遺跡の壁画に痕跡が見られたが、現代のジャワ社会では伝統的治療家の話や

写真7　バリ島のウダヤナ（Udayana）大学で保管されているヤシの葉写本（2016年）

存在を確認するがその数は少ない。ジャムウに関して言えば、民間のジャムウが普及し定着している（筆者現地調査より）。一方、バリ島ではバリアン（*Balian*）という伝統的治療家の存在が目立つ。バリ島の伝統的治療家は患者を治療し、バリの人々も症状や病気、問題に応じて伝統的治療家に頼っている。これは、一五〇〇年代宗教変換期に、ジャワ島でイスラーム教の勢力が高まり、ヒンドゥー教徒がジャワ島東部、さらにバリ島へ移動したことと関係する［高橋　一九八八：二六、二九］。この移動に合わせて、ヤシの葉写本など記録物や文化、ヒンドゥー思想も移された［高橋　一九八八：二六］。まだ紙が普及していなかった頃、ジャワ島やバリ島では、ロンタル（*Lontar*）というオウギヤシ（*Borassus flabellifer* L.）［由田　二〇〇五：二三］のヤシの葉写本を使用した。日本では植物の葉を加工した写本を「貝多羅葉」と言う［安江　二〇一〇：一〇五］。そして、一部のヤシの葉写本は、バリ島の大学や博物館に保管され、ロンタル・ウサダ（*Lontar usada*）と呼ばれる生薬関係のヤシの葉写本がある（写真7）。これは、それぞれの病気の原因や治療、薬の処方、呪文等が記載され、バリ島の伝統的治療家にはヤシの葉写本を参考にして患者に治療する者もいる。また生薬関係のヤシの葉写本は、インドの伝統医療アーユルヴェーダの影響を強く受け、貴族層の家で代々男性が世襲的に継承している［大橋　二〇一二：二一三］。ただし、ヤシの葉写本の中に「ジャムウ」と表す文字は使われていない［高橋　一九八四：四四］。

ジャワ島におけるヒンドゥー教からイスラーム教の宗教変換期について、前後の歴史と併せて説明する。イスラーム教の伝播は七世紀から始まり、ジャワ社会に調和しながら平和的手段によって広められた。このような伝播の背景の一つに、宗教の浸透と国家の政治体制が関係し［松原　二〇〇四：三四四］、一〇世紀前後までヒンドゥー教とインド経由の仏教が共存し、それらの国家が勢力を保持していた。王国どうしの勢力争いの混乱期後、一二九四年ヒンドゥー王国マジャパヒト王朝が成立し、以後一四世紀後半まで続き、ヒンドゥー・ジャワ文化を作り上げ、統治範囲は現代のインドネシア全域に渡るほどであった［高橋　一九八八：二二］。その後、一五一八年、中部ジャワの北部海岸地方でデマク王朝が、マジャパイト王朝に反乱後独立し、ジャワで最初のイスラーム国家となった［高橋　一九八八：二二］。また、一五八六年に中部ジャワのスラカルタ近くカルトスロで、イスラーム教のマタラム王国が建ち、一七世紀初めには勢力が中部ジャワと東部ジャワに広がった［高橋　一九八四：四六］。この時期、ヒンドゥー思想に基づく伝統的治療家（バリアン）も治療的理論体系とともにバリ島に移動または消滅し、ジャワ島ではジャムウの処方だけが伝承されたのではないかと言われている［高橋　一九八八：二九］。バリ島ではジャワ島と比べると民間のジャムウがあまり普及していないことは、伝統的治療家が身近に存在するためではないかと推測される［高橋　一九八八：二九］。

ジャワの伝統や文化は王宮を中心に伝統音楽のガムランや舞踊、影絵芝居のワヤン、ろうけつ染のバティック等がある［木村　二〇一〇：五五—五六］。王宮のジャムウは、「クラトン・ジャムウ（*Kraton Jamu*）」と呼ばれている。一六世紀イスラーム教のマタラム王国の王都はスラカルタ市にあった［リー　一九七九：二三四］。紛争によりスラカルタ王家とジョグジャカルタ王家に分割し、さらにスラカルタ王家内の紛争で、カスナナン王宮（Kraton Kasunanan）とマンクヌガラン宮（Pura Mangkunegaran）に分割された［リー　一九七九：二三四—二三五］。現在、スラカルタ市とジョグジャカルタ市に、二つずつ王宮がある。余談になるが、ジョグジャカルタとスラカルタの王宮はそれぞれに文化が発展し、類似性もありながら違いがあり、この違いを探すこともおもしろい。また、王宮はイスラーム教を公然と示しながら、ヒンドゥー・マタラム期のヒンドゥー教と仏教の共存、土着の信仰文化、マジャパヒト期のヒンドゥー・ジャワの成熟した文化、密教的・神秘主義的傾向の強まりといった重層的な文化総体が基となるヒンドゥー的王権観念を内在している［田村　二〇一四：一三九］。ジャワを訪れ人々の暮らしや文化に触れた時、イスラーム教でありながら、時折ヒンドゥー教や仏教、自然崇拝を垣間見ることができ、このような融合がジャワ社会の面白い点でもある。

王宮でまとめられたジャムウに関する書籍から、ヒンドゥー思想を見ることができる［高橋　一九八四：五〇］。一八世紀にスラカルタ市にあるカスナナン王宮の六世の息子の指示で、ジャワ文化を編集した「スラ・チェンティニ」（*Serat Centhini*）である［Beers 2001: 17］。これは、夫婦関係、病気や治療法など日常生活でジャムウを使用している神話が記載されている［Beers 2001: 17-18］。一八三一年にカスナナン王宮から「スラ・カウル・バブ・ジャムピジャムピ」（*Serat Kawruh Bab Jampi -Jampi*）が出され、薬草や魔除けの絵、呪文を含む約一一六〇の処方が記載されている［Sutarjadi *et al.* 2012: 4］。また、マンクヌガラン宮内の図書館は国内初の私立図書館で蔵書にジャムウの書籍もあり、王家の病気の治療書「スラ・プリムボン・ジャムピ・ジャウィ」（*Serat Primbon Jampi Jawi*）は民間のジャムウも一部記載されている［高橋　一九八四：五〇］。

王宮以外のジャムウの書籍は、植民地時代オランダ人がインドネシアの薬草についてまとめたものがある。一九〇〇年代初め、Jans Kloppenburg-Versteegh(13)がジャワ島で日頃処方に使用している薬用植物の植物画を描いた「The Pictorial Atlas」や、薬用植物の利用や保存方法を記載した「Indigenous Plants and their Healing Powers」がある［Beers 2001: 16］。

民間のジャムウは、一般的に女性の親族間で口承により受け継がれ、数種類の薬草が調合されている。前述したように、この起源は伝統的治療家や王宮から伝わったとされている［高橋　一九八四：五二］。スラカルタの王家と関係の深かったスラカルタ地方のウォノギリ（Wonogiri）も民間のジャムウが伝えられた地域とされ、今も多くのジャムウ行商婦人がいる［高橋　一九八八：二九—三二］。本書で紹介するジャムウ行商婦人とそのジャムウ飲料は、民間のジャムウに該当する。

ジャムウがジャワ社会だけでなく、国内に認識され見直される出来事となったのが、一九四〇年頃スラカルタ市で医師らによって開かれた「伝統医療の未来」会議である［Beers 2001: 21］。また、日本の植民地時代、佐藤医師（氏名の記載なし）を中心にジャムウ委員会が設置された［Beers 2001: 21］。一九四五年、独立宣言が行われ、一九四八年ジャワ島王家出身の医師セノ・サストロアミジョヨが、ジャムウについてまとめた書籍「インドネシア本来の薬」（オバット・アスリ・インドネシア、*Obat Asli Indonesia*）を出版した［高橋　一九八八：一九］。この本には薬草や薬効、製法、使用法が記載され、公用語であるインドネシア語が使われていたため、他の民族の人も読むことができた。この本の出版背景には、従来オランダから入ってきていた医療品が独立宣言後に不足し、セノは昔から使用されている薬草に目をつけ、さまざまな村に足を運び標本を集め、伝統的治療家によって秘密にされてきた処方や王宮のジャムウ、民間のジャムウを一冊の本にまとめた［高橋　一九八四：四五］。その後、一九六〇年代から民間のジャムウを含む伝統薬製造会社が設立され、既製品のジャムウの製造が始まる［高橋　一九八四：四七］（既製品のジャムウは第五節2項に記載）。

ジャワ人は、今日まで何世紀にもわたってさまざまな人々との交流があり影響を受けてきた。例えば国内に約三〇〇ある他の民族との交流や、ジャワ人が他地域や他の島へ出稼ぎに行き、居住地とジャワの故郷の間で繰り返される移動である。また国内だけでなく、近隣国の人々、仏教やヒンドゥー教を伝えたインド人、イスラーム教と関連するアラブ人、海から渡ってきた華僑を含む中国人、ポルトガル人、オランダ人等と交流し、グローバル化が進む現代ではさらに多くの国の人々との交流が続いている［Geertz 1960: 7］。この交流により、文化や宗教、思想と同様にジャムウとその周縁も影響を受けてきた。インドから仏教やヒンドゥー教とともにアーユルヴェーダや思想が入り、華僑が住み始め中医学の薬や薬用植物が売られ、イスラーム教とともにアラブ製の医薬品や健康関連商品、イスラームの治療家の施術等がある。これらは、インドネシアの複数の医療システムが併存する多元的ヘルスケア社会の健康資源となっている。ギアツによるとジャワの宗教は、多層で互いに重なり、さまざまな方向に引っ張り、ある程度連動している[Geertz 1960: 355-356]。現在、宗教はイスラーム教徒が多いが、アニミズム崇拝や仏教・ヒンドゥー教も融合している[Laplante 2016: 19; 高橋 一九八四：五二]。これは、ジャワの保健・医療分野でも類似したことが言える。

ジャワ人の健康観について記載する。吉田正紀の研究によると、ジャワ人は均衡や調和を重視し、身体の「熱さ」と「冷たさ」を用いて身体や健康の状態を説明し、行動上の指針としている［吉田 二〇〇〇：二四］。また、ジャワ人は健康維持のため均衡な食事を重視し、摂り方だけでなく、季節や時間、ライフサイクルにも配慮している。例えば、もし熱さが原因の不調があれば、冷たい食物を摂るなど反対の処置がとられ、一般的に温かい状態が健康で好ましいとされる。その他、身体の不調の対応に、ジャムウや湿布、マッサージが併用される。産後の女性の身体は冷たい状態と考えられ、熱い性質のジャムウを飲むよう勧める［吉田 二〇〇〇：二二、二四―二七、二九―三二］。筆者は村に滞在中、ある婦人が「冷たい飲み物や果物を食べ過ぎると、身体が冷える」と言って、果物の量を減らし、日常的に常温または温かい飲み物を好み、体を気遣っている様子を目にした。個人差はありながらも、ジャワ人の考え方や行動に少なからずこのような健康観も影響を与えている。

6　さまざまなジャムウ

現在、ジャムウは、さまざまな形態かついろいろな場所で売られている。ここでは、インドネシア国内で入手できるさまざまなジャムウを紹介する。まず、王宮由来のジャムウは一部の商品化されたものを除き、王室関係者が使用している（写真8）。一部の商品化された王宮のジャムウとして美容や健康食品を製造・販売するムスティカ・ラトゥ社（Mustika Ratu）の製品がある。この創始者はジャワの王族の子孫であり、王宮のジャムウのレシピやその利用方法を参考に商品が作られた［Mustika Ratu 2023］。次に、既製品のジャムウは、伝統薬製造会社で作られ商品登録されている。これらは、シロップ、飲料、粉末、錠剤、カプセルなどさまざまな形状で、国内外で広範囲に販売さ

写真8　王宮は一部一般公開され、今も一角には、花を浮かべた聖水が置かれている（2015年、スラカルタ市マンクヌガラン宮）

写真9　既製品のジャムウ。筆者が学会に参加した時、Sido　Muncul社からもらったジャムウ（2015年）

写真10　煎剤用のジャムウ。スーパーマーケットで販売されていた煎剤用のジャムウと、そのジャムウを煮詰める土鍋（2015年）

写真11　屋台のジャムウ。スマラン市で人気のジャムウ屋台（2016年）

れている（写真9）。既製品のジャムウは、ドラッグストアや一部の商品はコンビニエンスストアで買うこともできる。既製品のジャムウの一部は、研究機関や大学で開発されたものもある。そして、家内工業をはじめとする小規模のジャムウ製造会社で作られたジャムウもあり、これらは地元の市場で売られていることが多い。また、煎剤用ジャムウは、乾燥された複数の薬草が調合されており、地元の市場や中部ジャワではスーパーマーケットで売られている（写真10）。その他、屋台または露店で売られているジャムウもあり、粉末のジャムウ製品またはジャムウの材料を入れ、湯で溶かしたジャムウ飲料である（写真11）。さらに、自家製のジャムウは、各家庭の台所で手作りしたジャムウで、自宅や近隣の畑や庭で採取したもの、または市場で材料を購入し、自身や家族内で使用している［杉野　二〇一九：一〇―一一、Sutarjadi *et al.* 2012: 26-32］。上記のような内用だけでなく、薬草オイルなど外用のジャムウもある。本書で紹介する行商婦人のジャムウは、販売ごとに行商婦人が手作りした新鮮なジャムウ飲料である。行商婦人のジャムウは、女性の顧客を中心に人気がある［高橋　一九八六：七一］。補足として、男性は、男性店主が営む屋台のジャムウに行き、そこで自身の目的にあったジャムウを飲む傾向にある（筆者現地調査より）。本書は男性顧客が好む屋台のジャムウについて扱っていない。

二　村のジャムウ行商婦人

1　行商婦人との出会い

筆者が青年海外協力隊の保健師でインドネシアに住んでいた時、友人からジャムウで有名な地域があると教えてもらい、筆者はその地域の保健センターを訪問した。薬用植物・伝統医療担当者の助産師から、活発かつ有名で、村を行商する典型的なジャムウ行商婦人として行商婦人G氏（以下、G氏）を紹介してもらった。彼女は、四〇歳代前半の女性（二〇一八年時点）で、筆者がジャムウについていろいろ知りたいと説明すると、翌日からジャムウ作りやジャムウの販売に同行させてくれた。彼女の性格は気さくで明るい女性であった。筆者が、初めて彼女のジャムウを飲んだ時、飲みやすいと感じ、その時から彼女のジャムウのファンになった。また、彼女が台所でジャムウを作る様子も筆者は気に入った（第三節1項記載）。

後日、筆者はG氏にジャムウを飲む人々について詳しい調査を行いたいと説明した。そして、対象者に事前に十分な説明をしたうえで、同意を得てから調査を行った。また本研究は、インドネシア科学技術省（RISTEK）による調査許可（許可番号 TKPIPA No.9A/TKPIPA/E5/Dit.KI/IX/2019）とボゴール農業大学の「人を対象とする研究の倫理委員会」の承認（承認番号 No.144/IT3.KEPMSM-IPB/SK/2019）を得ている。二〇一八年一一月―二〇一九年二月と、二〇一九年六月―一〇月まで、スコハルジョ県V村で現地調査を行った。G氏(14)に参与観察とインタビュー調査、彼女の顧客と村人に聞き取り調査を行った。調査時の言語は、主にインドネシア語を使用していたが、高齢の顧客がジャワ語で回答することがあり、その場合に顧客の家族に通訳してもらうこともあった(15)。G氏の参与観察ではジャムウ作りや行商に参加し、販売経路の記録に衛星測位システム(16)（GPS）を使用した。G氏の聞き取り調査では、ライフヒストリーやジャムウに関する考え等自由回答形式で聞き取った（本節と第三節記載）。具体的な調査内容は、彼女の作るジャムウの種類、薬用植物など材料や作り方、効果と効能、接客内容などの行商の様子、ライフヒストリー等、行商婦人の実態を調べた。なおその他の調査については、各節で説明する。

2　調査地域

調査地域は、ジャムウ発祥地の一つとされるジャワ島中部ジャワ州のスラカルタ市近郊（スコハルジョ県）である（図2と図4）。スラカルタ市は、人口約五二万人（二〇二一年）、面積四四平方キロメートル、東にメラピ山、西にラウ（Lawu）山がある盆地で、ジャワ島最長河川であるソロ川が流れている[BPS Kota Surakarta 2023]。第一節5項に説明したように、スラカルタ市には二つの王宮があり、伝統や文化が受け継がれ、国内外から旅行者が訪れ観光業も盛んである［Dinas Kebudayaan dan Pariwisata Kota Surakarta 2023］。その他、繊維分野の工場が多い。そして、ジャムウがさかんな地域の一つであり、スラカルタの王宮では代々王宮のジャムウが受け継がれてきた。また、地元の市場ではジャムウの材料が多く売られている。さらに、国内各地で活動しているジャムウ行商婦人は、中部ジャワ州スラカルタ地方（スコハルジョ県含む）や、ジョグジャカルタ市およびその周辺の出身者が多い［間瀬 二〇一一：三六八；Beers 2001: 129］。

図4　スコハルジョ県地図　（筆者作成）

スコハルジョ県は、スラカルタ市中心部から約一〇キロメートル南に位置している。スラカルタ市との県境では、ベットタウンとして人口が増加し、工場や商業店舗の進出が見られている（図4）。また、他の近隣県には、国立薬用植物・伝統薬研究開発所のあるカランガニャル（Karanganyar）県、スコハルジョ県の水源にもなっているダム（ガジャムンク、Gajahmungkur）を所有しているウォノギリ県などがある。このダムにより、雨季のソロ川の洪水と乾季の水不足を解決し、米の生産高が上がり、生活水準の向上をもたらした［鈴木　一九八四：三六］。県の人口は約九〇万七〇〇〇人である（二〇二〇年）［BPS Kabupaten Sukoharjo 2021a: 4］。面積は四六七平方キロメートルで、そのうち耕地が約四四％にあたる二〇五平方キロメートルである。灌漑用水のある耕地は一四六平方キロメートルあり、乾季でも田植えや稲刈りを行っている。郡は一二、村は一六七で、主な産業は製造業の工場が多く、その他、農作物や衣料品、ジャムウの生産である［BPS Kabupaten Sukoharjo 2021a: 1, 15-16, 18］。

県内の病院など近代医療の施設は、県立総合病院が一つ、国立大学病院が一つ、私立総合病院が六つ、専門病院が二つ（国立と私立）、県の保健局が一つ、保健センターが一二施設である［Dinas Kesehatan Kabupaten Sukoharjo 2021: 58, 71-72］。また、クリニックが一〇八施設、薬局が二一二施設あり、多くの私立病院がスラカルタ市の近くにある［Dinas Kesehatan Kabupaten Sukoharjo 2021: 83, 88］。伝統医療や薬用植物の関連施設は、ジャムウ組合（KOJAI: *Koperasi Jamu Indonesia*）が一つ、大規模な伝統薬製造会社（*Industri Obat Traditional*: IOT 略）が一つ、中小規模の伝統薬製造会社が四七ある（スコハルジョ県保健局薬用植物・伝統医療担当者の集計データ二〇一九年七月）。そして、県の保健局や各保健センター内に薬用植物・伝統医療部署が設置されている。

ングテル郡は、特にジャムウ行商婦人で有名な地域である。村は一六、郡内の人口は約五万二〇〇〇人で、イスラーム教が約九〇％である［BPS Kabupaten Sukoharjo 2021b: 1, 15, 74］。郡内に、保健センターが一つ、クリニックが九つ、助産院が一つ、保健支所が三つ、小学校が三四校、中学校が五校、高等学校が一校、高等専門学校が一校ある［BPS Kabupaten Sukoharjo 2021b: 41］。さらに、調査地V村の人口は三九七六人（二〇二〇年）で、一四地区からなる［Dinas Kesehatan Kabupaten Sukoharjo 2021: 29］。V村は、ウォノギリ県とスラカルタ市を結ぶ幹線道路が通り、ジャカルタ行きの大型バスも運行している。幹線道路から外れたところに小さな集落や農地が広がっている。村人たちは、農家、近隣の小規模の工場や事務所の従業員、商人、修理工等として働いている（二〇一八年と二〇一九年の筆者の聞き取りより）。

3　行商婦人のジャムウ飲料

行商婦人G氏が毎日手作りし顧客に提供しているジャムウを紹介する。一般的に、行商婦人が販売するジャムウの種類や本数は、それぞれのジャムウ行商婦人によって異なる。G氏の場合、販売ごとに八種類のジャムウ飲料を手作りし、それぞれのジャムウをガラス瓶に入れ、自転車の荷台に置いて行商していた（図5）。ちなみにこのガラス瓶は、この地域の地元の市場で売られ、行商婦人がジャムウ飲料を持ち運ぶために利用する伝統的な道具である。

また、自転車の荷台は、大工に特別に頼んで作ってもらい、ガラス瓶がぴったり収まるようになっている。そして、彼女はそれぞれのジャムウの置き場所を決めていた。そのジャムウの種類は、1、ジャムウの定番でウコンが使われているクニ・アスム、2、甘酸っぱい味のグラ・アスム、3、スオウ（*Caesalpinia sappan* L.）[由田 二〇〇五：六二]を使用した赤色のスチャン（*Secang*）、4、ジャムウの定番の一つでクリーム色のブラス・クンチュルである。そして、5、キンマ（*Piper betel* L.）の葉により緑色のクンチ・シリ（*Kunci sirih*）、6、ジャワウコン（*Curcuma xanthorrhiza* Roxb.）が使われているトゥムゥラワ・プヤン（*Temulawak puyang*）、7、パパイヤ（*Carica papaya* L.）の葉により緑色のダウン・プパヤ（*Daun pepaya*）、8、黒っぽく苦みの強いサンビロト（*Sambilot*）／パヒットであった（表1）[由田 二〇〇五：三九、九四、Kementerian Kesehatan RI 2011: 60]。

ジャムウの名称は、一般的に、ジャムウ飲料に含まれる主な薬用植物の名前を組み合わせて呼ぶことが多い。その他には、ジャムウの味覚、例えば苦み等で呼ぶこともある（第一節2項に記載）。G氏は、この八種類のジャムウ飲料を単品または二、三種類を組み合わせて、顧客に提供していた。彼女への聞き取りからそれぞれのジャムウ飲料に効果や効能があった。彼女のジャムウのほとんどのレシピは、ジャカルタで出稼ぎジャムウ行商婦人として働いている母から口承によるものである。筆者が「いつ材料や作り方などを覚えたか」と尋ねると、彼女は「自然に覚えた」と答え、学校の長期休暇で母が暮らすジャカルタに行った時や、高校卒業後、ジャカルタでジャムウ作りの手伝いをして覚えたという。また、V村で行商しながらわからないことがあれば、その都度母に電話をして教えてもらっていた。

G氏の販売するジャムウ飲料の中には、他のジャムウ行商婦人があまり売っていないオリジナルのジャムウがあり、それはスチャンである。オリジナルのジャムウと判断した理由は、筆者がこれまで何人もの行商婦人からジャムウを飲み、主観的比較と、文献によるものである。これは、スオウとショウガが主な材料で、さらにサトウヤシ（*Arenga*

2　村のジャムウ行商婦人

表1　G氏が販売する8種類のジャムウ飲料

ジャムウ名	主に使用している薬用植物等	効果（行商婦人G氏より）
クニ・アスム （*Kunyit asam*）	ウコン（*Curcuma domestica* Val.） タマリンド（*Tamarindus indica* L.）	生理痛緩和、にきび改善、便秘改善
グラ・アスム （*Gula asam*）	タマリンド（*Tamarindus indica* L.） サトウヤシ（*Arenga pinnata* Merr.）	甘味効果、清涼感
スチャン（*Secang*）	スオウ（*Caesalpinia sappan* L.） ショウガ（*Zingiber officinale* Rosc.）	貧血の緩和、体を温める、血行促進、発汗促進
ブラス・クンチュル （*Beras kencur*）	バンウコン（*Kaempferia galanga* L.） イネ（白米）（*Oryza sativa* L.）	体を温める、疲労回復、食欲の促進、喉の痛み改善、爽快感
クンチ・シリ （*Kunci sirih*）	キンマの葉（*Piper betel* L.） オオバンガジュツ （*Boesenbergia pandurata* Schl.）	おりものトラブル予防、体臭予防、掻痒感の改善、抗酸化作用
トゥムゥラワ・プヤン （*Temulawak puyang*）	クスリウコン （*Curcuma xanthorrhiza* Roxb.） イモニガショウガ （*Zingiber aromaticum* Vahl.）	血行促進、関節痛改善、高血圧予防、風邪症状緩和
ダウン・プパヤ （*Daun pepaya*）	パパイヤの葉（*Carica papaya* L.）	母乳生成促進、食欲の促進
サンビロト（*Sambilot*）／パヒット（*Pahit*）	センシンレン （*Andrographis paniculata* Ness.）	血液をきれいにする、掻痒感の改善、糖尿病予防

図5　G氏が販売するジャムウ飲料の種類

pinnata Merr.)〔由田　二〇〇五：五二〕等が入っており、甘い味がする。G氏が過去にスラカルタ市の「ジャムウ行商婦人の大会」で三位に入賞し、入賞者はジャカルタに招待された。その時、民間のジャムウ製造会社の研修を受けることができ、彼女はスチャンのジャムウを知った。彼女は、そのジャムウの効果や効能、そして、味が気に入ったため、行商用のジャムウとして一種類追加した。このジャムウは甘みがあるため、子どもに好まれ、大人の口直しジャムウ（二杯目）に選ぶ者もいた。口直しジャムウについて、第三節3項で説明する。このようなオリジナルジャムウを提供する背景には、V村がジャムウ行商婦人で有名な地域で、G氏の行商地域には同業者のジャムウ行商婦人が最低二人おり、彼女たちと行商地域が一部重なり、同業者との差別化や顧客獲得など工夫が必要であったことがある。

4　行商婦人のライフヒストリー

ジャムウ行商婦人G氏の生い立ちや、行商婦人になるきっかけなどを紹介する。彼女は、イスラーム教徒のジャワ人で、夫（五〇歳代半ば）・長女（二〇歳代半ば）・長男（中学生）・長女の夫（二〇歳代後半）・長女の孫（一歳一一ヶ月）との六人家族であった（二〇一八年時点）。その後、夫は、二〇二一年に他界した。中部ジャワの村落に見られる庶民的な一階平屋に住んでいる。家の壁はコンクリート製で、屋根には瓦が使われ、部屋は、居間と個室三部屋、土間に台所と浴室兼トイレ、物置の間取りであった。雨の日は、居間の天井の一部から雨漏りしていた。彼女は、V村でジャムウの行商をはじめて七年目であり、行商地域は自身の自宅がある地区とその近隣の合わせて四地区である。彼女の体格は小柄であるが、体力があり、料理上手として近所で知られている。また、家族・親戚・近所の人・顧客から頼りにされる肝っ玉母さんであるが、時々涙もろい様子もみられた。

G氏は、スコハルジョ県スコハルジョ郡W村で、五人兄弟の次女として生まれた。両親もスコハルジョ県出身で、父は、ジャカルタで出稼ぎ労働者のタクシー運転手として働き、彼女が高校生の時他界した。母は、子どもたちが幼い時、スコハルジョ県で暮らし子育てをしながら仕立ての仕事をしていた。その後、G氏が一二歳の頃、母も家計を支えるため、父の働いているジャカルタで出稼ぎ労働者のジャムウ行商婦人となった。母はまもなく七〇歳を迎えるが、今もジャカルタで一人暮らしをしながら現役ジャムウ行商婦人を続けていた（二〇一九年時点）。筆者がジャカルタでG氏の母を訪ねた時、彼女の隣近所の人々は同じスコハルジョ県出身の出稼ぎ労働者で、同業者のジャムウ行商婦人も何人かおり、親しい間柄であった（二〇一九年）。母は、結婚前に、ジャカルタで母から見た叔母にジャムウ作りを学び、手伝っていた。

G氏の兄弟は、長女、次女（G氏）、三女、長男、四女の順番である。そのうち長女が元ジャムウ行商婦人で、三女もスコハルジョ県内の別の地域でジャムウの行商をしていたが、夫の家業を手伝うため一時休業中であった（二〇一九年時点）。話を戻し、母がジャカルタに移った後、一二歳くらいだった彼女や兄弟は、スコハルジョ県で同居していた祖父母や叔父叔母に育てられた。筆者は彼女に「その頃、何人暮らしだったか」と尋ねたが、彼女は「大勢」と答えたのみで、彼女も幼かったことや人の出入りがあり把握することが難しかった。彼女は、高校生までスコハルジョ県で育ち、学校の長期休みには、母のいるジャカルタに行き、母の作ったジャムウを飲み、ジャムウ作りを手伝うこともあった。高等学校を卒業後、母が暮らすジャカルタに移動した。ジャカルタに住み始めた頃、工場や百貨店で働いたが半年と続かず、母のジャムウの行商を手伝うことにした。その後、彼女は、ジャカルタの母とは異なる地域で、ジャムウの行商を始めた（二〇歳の頃）。

当時G氏は、数本のジャムウの瓶を籠に入れ、その籠を担いで歩きながら行商した。筆者は彼女に「行商中のつらかった体験」を尋ねると、彼女は「転んでジャムウの瓶が割れ、傷の痛みとつらさで泣きながら帰宅した」と語った。彼女は行商を始めて一年以内に結婚が決まり、二一歳の時、現在の住まいであり、夫の兄弟家族が同じ敷地内に暮らしているV村に嫁いだ。夫とは彼女が高校生の時に顔見知りとなっていた。結婚当初、彼女は専業主婦で、一年後長女を出産し子育てをしていた。長女が小学校低学年の時、彼女は家計を助けるため、母が暮らすジャカルタで出稼ぎジャムウ行商婦人として働いた。村に残った長女の世話は夫や同敷地内に暮らす夫の親せきがおこなった。このように、ジャワの村では家族のだれかが一定期間出稼ぎに行き、また村に戻る働き方が見られる［間瀬 二〇一一：三六八―三六九］。彼女が出稼ぎに行った一年後、長男を妊娠し村の自宅に戻った。彼女が三〇歳代後半、長男が七歳の頃、居住地のV村でジャムウの行商を始めた。筆者は彼女に「なぜそれまでにこの村でジャムウを行商しなかったのか」尋ねると、彼女は「近所の人がジャムウの行商をしていたから、控えていた」と答えた。これは地域社会の調和に配慮した判断だとみることができる。

G氏は、幼い頃から畑や庭に生えている薬草が好きだと話し、料理も得意であるため、ジャムウ行商婦人の仕事の素質を備えていた。彼女がジャムウの行商の仕事をして良かったと感じる時は、一日の売り上げが良かった時や、顧客からジャムウを飲んで体調が改善したと聞いた時であった。筆者が彼女に「ジャムウが人々の役に立っているか」と聞くと、彼女は「もちろんよ。ジャムウにはそれぞれ効果があるから」と自信をもって答え仕事に誇りをもっていた。

三 行商婦人のジャムウ仕事

1 ジャムウ作り

ジャムウ行商婦人G氏のジャムウ作りについて紹介する。行商婦人のジャムウ作りの調理方法や材料は、彼女にとって企業秘密の部分である。そのため、本書ではごく簡単に紹介する程度にとどめる。しかし、このジャムウ作りの光景は、やや薄暗い台所で、彼女がいくつかの薬草を慣れた手つきでジャムウ飲料に仕上げていくため、筆者はその様子を見ながらワクワクし、同じ時間と空間にいれる幸せを感じた。

ジャムウ作りは、自宅の台所の土間で彼女が一人で行い、数種類のジャムウを同時進行で作っていく（写真12）。台所は村の家で見かける造りで、床は土間であるためサンダルを履き、時に裸足で作業をしていた。水場は一箇所、ガスコンロは二口のもので、二口のコンロを同時に使い、薬草の入った鍋を温めることもあった。コンロに火をかける以外は、土間の床で作業するため、作業用の敷物を敷いていた。ジャムウ作りの工程は、二部構成であった。彼女は、午後三時過ぎから行商するため、半日以上あけてもよい作業を午前中に行い、新鮮さが必要な作業を昼食後すなわち販売直前に行っていた（各二時間ずつ）。彼女は長年ジャムウ作りを続けてきたため、調理の手順を概ね決めていた。ウコンやショウガ、ジャワウコンなど根茎類は、よく洗って土を落とし、包丁でおおまかに皮をむき、飲料水を少し加え、電気ミキサー（以下、ミキサー）を使って砕いた。これらが液体状になると、網目の細かい笊で数回濾していく。ここでしっかり濾すことに注意していた。これは、G氏が保健局の主催する研修で学んできた知識である。ちなみに、ウコンは胆石の患者に禁忌とされている [Kementerian Kesehatan RI 2011: 63]。さらに、濾したものをしっかり絞ることで薬草の味が出る。また、彼女がしっかり絞り出す様子から、味への配慮だけでなく、材料を無駄なく使い切るという商人または主婦の顔が見られた。そして作業中の彼女の動きは、機敏で動きに全く無駄がなかった。

写真12　ジャムウ作りの様子。台所で複数の薬用植物を使い、ジャムウを手作りしている。ジャムウが完成し、ガラス瓶に移している様子（2018年）

先程のジャムウ作りと並行して、彼女は、ガスコンロに鍋を置き、水と数種類の薬草を入れ煮だしていた。台所は家族の食事も作る場所であったが、調理器具はジャムウ作り用と家庭用に区別していた。彼女はジャムウ作りにおいて「衛生面に気を付けている」と言い、ジャムウ飲料には飲料水を用い、調理器具の用途に合わせて煮沸した水か水道水を使い分け、さらに道具をしっかり洗っていた。基本的にジャムウ作りはG氏が一人で行っていたが、夫も作業の一部を手伝っていた。夫の分担は、外の軒下でジャムウに使用する多量の水を大鍋で沸かすことであった。また、夫は彼女の行商前に自転車の点検を行い、ジャムウの瓶を設置しやすいように自転車を台所の戸口前に準備した。夫の職業は、家庭用のガロンボトルの飲料水と家庭用ガスボンベを販売する商人で、携帯電話から注文を受けると、バイクで配達に出かけていた。飲料水やガスはジャムウ作りにも必要で、それらを仕入れ値で利用できる利点があった。

G氏がジャムウ作りの中で最も心がけていることは、それぞれのジャムウの最後の味見であった。顧客から「G氏のジャムウがおいしい」とよく聞いていたとおり、彼女は常連客に喜ばれるよう、それぞれのジャムウ飲料の味にこだわっていた。ジャムウが次々に完成し、これらを少し冷ましてからロウトを使い、またはロウトとサイズがあった笊を重ねて、ガラス瓶にジャムウを注いでいった。出来上がったジャムウは自然の薬草の色で、黄色・黄緑・緑・赤紫・クリーム色など鮮やかな飲料である（図5参照）。彼女の話によると、ミキサーがない時代には、石臼（ルンパン：*Lumpan*）と木製の杵（アル：*Alu*）が使われていた［高橋　一九八八：三八］（写真13）。実際、彼女も、ミキサーを使用する前は、ウコンやジャワウコンなど根茎類をすべて手作業で潰し、大変だったと語った。現在は直径約三〇センチメートルの石臼と、高さが約六〇センチメートルの木製の杵は、ジャムウの隠し味になる香辛料を作る時のみ使用され、それ以外の時は台所の隅に置いていた。筆者も、石臼と木製の杵で複数の薬用植物をすり潰す手伝いをしたが、すべての根茎類を毎日一人ですり潰す作業を想像すると、重労働であると思った。しかし、石臼と木製の杵が摩擦し、香辛料の香ばしい香りが台所に立ち込めた時、自然で心地よい印象を受けた。余談になるが、筆者は家庭で自家製ジャムウを作る時、中部ジャワ州の店で購入した石臼と石棒でウコンやショウガ等をすり潰してい

写真 13　ジャムウ作りに利用される石臼と木製の杵。筆者が杵で、複数の乾燥した薬用植物を砕いてジャムウの隠し味を作っている様子（2016 年、ジャムウ行商婦人G氏撮影）

る。ミキサーと比べると少し力が必要になるが、伝統的な道具を使いながらジャムウを作ることは自然で心地よいとも感じられ、さらに香りも楽しむことができた。これは自家製で少ない材料だからできることでもある。一方、現在でも昔から伝わる調理用具を使用する良さを重視して、根茎類をすり潰す作業をミキサーではなく、石板と石棒を使用しているジャムウカフェや屋台もある。そこでは根茎類をすり潰すためのスタッフを雇っていた。

写真 14　ジャムウ作りで黄色く染まった手先。行商婦人の黄色く染まった手は、手作りのジャムウの証である（2018 年）

G氏は、行商時のジャムウを入れる容器にこだわり、昔から利用されているジャムウのガラス瓶を使っていた。空のペットボトルにジャムウを入れて販売する行商婦人もいる中、彼女は「ガラス瓶は重くて割れやすいが、ガラス瓶にジャムウを入れるほうが味がよい（保たれる）」と言った。彼女のジャムウの知識や技術は、母からの口承によるものと、日々の行商で顧客とのやり取りから得た経験と、さらに保健局や民間のジャムウ製造会社が主催する研修で得た知識や技術が融合されていた。

またG氏の両手、特に爪や指先は、いつも黄色く染まっていた。これはジャムウを作る過程で、、ウコンやジャワウコンをミキサーで砕いた後、手洗いした素手で笊や綿の布で濾していくためである。Laplante の研究によると、行商婦人の手が黄色く染まっていることは、そのジャムウが手作りで新鮮な証拠であると述べている［Laplante 2016: 39］。

2　材料の仕入れや採取

ジャムウの材料や仕入れ、採取について紹介する。第二節3項で述べたようにジャムウ飲料の名前は、主な薬用植物の名前を組み合わせていることが多く、ここで具体的に事例をあげて説明する。ジャムウの中で人気があるクニ・アスムは、ウコンとタマリンドが必ず入っている。実際にはそれ以外の材料が入っていることが多く、例えば、ショウガやサトウヤシ、レモングラスなどいくつかの薬用植物が加えられている。筆者はこれまでいろいろな行商婦人が作ったジャムウや、さまざまな形態のジャムウを飲み、自分でもジャムウを手作りしてきた。そこで主要な材料だけで作られたジャムウより、副次的な材料を加えたジャムウは、味においしさや深み、香りが増す。この副次的な材料や各材料の分量が女性の親族から口承で受け継がれ企業秘密の部分となる。料理にも言えることだが、ジャムウ作りも材料や作り方でおいしさが随分変わってくる。

G氏は材料にもこだわっていた。彼女は、常温で保存のできるウコンなど根茎類やカルダモン（*Ammomum cardamomum* Willd.）［由田　二〇〇五：一三三、Kementerian Kesehatan RI 2011: 16］等乾燥した薬用植物の仕入れに、他地域の市場へ出かけた。この市場は多くの薬用植物が流通し、売り場の数も多かった。彼女は、材料の在庫が少なくなった時、夫または長女とバイクで出かけ、移動と仕入れに半日の時間を費やしていた。彼女は「この市場は近所の市場より値段が安く、薬草の質もよい」と話し、いつも仕入れをする店が決まっており、店主と顔見知りであった。彼女が仕入れる店は市場の中で人気があり、様々な地域からジャムウ行商婦人が仕入れに来て、目的の薬用植物を手に取り触って確認しながら、価格を聞いて買っていった。G氏も自身の行商予定日数と薬用植物の使用量、在庫状況を考えながら、薬用植物の大きさや品質と、その日の価格との間で折り合いをつけ慎重に購入していた。筆者が仕入

写真 15　女性たちが仕入れのために薬用植物の小山の前に座り、材料を選んでいる様子（2018 年）

写真 16　庭先に植えられたキンマの蔓。クンチ・シリを作る直前に、新鮮な緑色の葉を数枚取って材料として利用する（2018 年）

れに同行した日、ジャムウの定番の一つブラス・クンチュルの主な材料であるバンウコン（*Kaempferia galangal* L.）［由田　二〇〇五：九六］を仕入れた。彼女は、バンウコンが積み上げられている小山のそばにしゃがんだ姿勢で、一つ一つそれらの品質や大きさを見て選んでいた（写真15）。彼女はバンウコンの質や価格について「数週間前、バンウコンの大きさは今回より小さく値段も高かった」と話し、季節や天候で薬用植物の価格が変動することがわかった。筆者は、市場で薬用植物を選んでいる数名の女性に声をかけたところ、県内で活動するジャムウ行商婦人だけでなく、他県から数時間かけて仕入れにきた行商婦人や、ジャカルタや東ジャワの出稼ぎ行商婦人で近隣県の自宅に帰省中の者、他の市場で薬用植物を販売する者など、様々な地域の行商婦人や薬草関係者が仕入れのために訪れていた。この薬用植物の売り場では、仕入れに来た者が目的の薬用植物の小山のそばで、しゃがんだ姿勢で根茎類を一つ一つ選んでいく光景が見られ、筆者はおもしろさを感じた。市場で売られている薬用植物は、ジャワ島だけでなく国内の他の島で生産されたものもあった。

また、ジャムウの材料には、葉、柑橘類の果汁や外果皮・中果皮と呼ばれる皮など新鮮さが必要なものもあり、これらは調理直前に採取していた。例えば、パパイヤの葉やキンマの葉、コブミカン（*Citrus hystrix* D.C.）である［Kementerian

Kesehatan RI 2011: 50]。キンマの葉やコブミカンは、先程の市場にも売られていたが、調理のたびに新鮮な状態が望ましい。彼女の自宅の庭にはキンマの蔓やコブミカンの木が植えられ、裏庭に数本のパパイヤの木がある（写真16）。実際、彼女はジャムウ作りの直前や作業の合間に、キンマの葉、コブミカンの実や葉、パパイヤの葉を採取していた。ある日、裏庭のパパイヤの葉が足りなくなった時、彼女自身の常連客で元ジャムウ行商婦人から、畑のパパイヤの葉をたくさんもらっていた。ここでの金銭のやりとりはなく、筆者が見た限り、G氏はだれにでもパパイヤの葉を譲ってもらうわけではないようだった。この常連客は、過去にインドネシア第二の都市であるスラバヤで出稼ぎジャムウ行商婦人として働いていた。

3　ジャムウの行商

G氏の行商の様子を紹介する。彼女は、自転車にジャムウ飲料を積み顧客に提供していた。筆者は、二〇一八年一二月―二〇一九年一月に彼女の行商に同行した。行商の時間帯は、イスラーム教徒が行う礼拝の時間と重ならないよう、彼女自身も午後三時過ぎの礼拝を終えた後、行商を開始し、午後六時過ぎの日没後に、礼拝の時間を呼びかける知らせが鳴る頃行商の終盤を迎えた。一日の行商時間はおおよそ二時間三〇分であった。二〇一八年に長女の第一子である孫が生まれ、G氏の行商時間に変化がみられた。彼女はそれまで、午前三時過ぎからジャムウを作り、午前中、朝七時頃から正午近くまで行商をしていた。最近、G氏は午前中に孫の世話をし、昼食後孫が昼寝をしている時間にジャムウを作っていた。夕方の行商は、村人の結婚式参加・親戚や隣組（RT: *Rukun Tetangga* の略）の行事の準備、雨季のスコール等、行商を休む要因が午前中の行商に比べ多くなっていた［佐々木 二〇〇八：二五七］。調査を行った雨季の天気は、午前中晴れて夕方大雨が降ることが多かった。また、娘夫婦が共働きのため、代わりにG氏が孫の世話を行い、家族内の役割や家計の状態も変化が見られていた。行商婦人の仕事は、家族構成の変化やそれに伴う家庭内の新たな役割の中で、働き方の融通が利きやすいと言える。彼女は夕方の行商について「今の行商時間は短いけど、午前中の行商と比べて、夕方は人が家にいるから売り上げは同じくらいよ」と夕方の行商に満足していた。確かに村の夕方の様子は、子どもたちが学校から帰宅後に外で遊び、大人は仕事を終え、家の前で夕涼みをしていた。

筆者が彼女の行商に同行した八日間の行商時間・天気・顧客数を表2に示す。補足として、二〇一八年一二月二五日（祝日）に限り、長女の仕事が休みでG氏は午前中に行商を行った。この結果、雨が降り行商を中断した場合、その日の顧客数も減少することがわかった。また、午後六時以降の行商終了時間は、その日のジャムウの売れ具合・天候・行商婦人の家計の理由で変動した。例えば、二〇一九年一月一九日は、G氏が翌日隣組のレクリエーションに参加するため、費用捻出の目的で普段より長い時間行商を行った。

G氏の行商時の服装は、長袖の襟付きシャツにズボン、女性のイスラーム教徒が頭全体を覆うヴェール（ジルバブ *jilbab*）を着用し、ビーチサンダルを履いていた［佐々木　二〇〇八：一二六］。彼女の服装は、第一節2項写真5のような伝統的なジャムウ行商婦人のスタイルと異なり、外出用の服を着て動きやすい服装であった。彼女の行商手段は自転車を使用し、行商に必要な荷物は自転車の前輪のかごと、後輪の特注で作られた荷台へ収めていた（写真17）。この特注の自転車は二台目であり、彼女は自転車に愛着を持っていた。自転車を立てかけるスタンドも、既製品では重さを支えられないため、大工が作った特注の木製棒を使用していた。

彼女は前輪のかごにクーラーボックスを入れ、そこに近所の決まった店で買った氷二袋と氷を割る木製棒を入れ、その他かごに清潔な木綿の布巾と、ジャワウコンの原液の飲料五〇〇ミリリットル一本、顧客用ストロー、果物ナイフ一本、ライム（*Citrus aurantifolia* Swingle）［由田　二〇〇五：一二六］二―三個、行商中に彼女が飲む水の入った水筒を入れていた。そして、片方のハンドルにビニール袋をかけ、その中にジャムウの持ち帰り用ビニール袋（中サイズ）

表2　G氏の行商時間、天気、顧客数（8日間）

	日付	行商時間	天気	合計顧客数
1	2018年 12月25日	（祝日、長女の仕事が休みで、午前中に行商を行った）9時5分—11時30分	出発予定時刻の7時に雨が降り、自宅で待機する。雨が止み、9時5分から行商開始	64
2	12月26日	15時—17時（雨で中断）	17時頃から大雨で、行商を中断	61
3	12月27日	15時50分—18時20分	晴れ　（ジャムウ完売）	81
4	12月28日	15時35分—18時	晴れ	78
5	2019年 1月4日	15時35分—18時	雨が止み出発する。少しして小雨が降る。途中雨が止んだが、再び雨が降り、雨具を着て、行商したが、雨が止まないため帰宅	63
6	1月5日	15時40分—18時25分	行商の前半に雨が降ってきて雨宿りする。雨が止み、行商を再開	78
7	1月15日	15時35分—18時	曇り	79
8	1月19日	15時30分—18時20分	曇り	79

と、口直しジャムウの持ち帰り用ビニール袋（小サイズ）、小サイズのビニール袋を縛る小さく切られた輪ゴム、行商のお釣りや途中で氷を買うための財布を入れていた。

ここで口直しジャムウについて簡単に説明する。一般的に行商婦人のジャムウは、一杯目が顧客の目的とするジャムウで、二杯目のジャムウは一杯目のジャムウの口直しの目的で希望者が飲む。口直しジャムウは約五〇ミリリットルの少量で、甘い味のジャムウであるブラス・クンチュルや、甘酸っぱい味のグラ・アスムを選ぶ者が多い。話を戻し、G氏の行商中の持ち物は、後輪に特注した荷台の上段に、八種類のジャムウが入ったガラス瓶を置き、その中央は、煮沸した水の入った小さなバケツを置き、その中に約二〇〇ミリリットルのガラスコップが三—四個、ロウト一個、スプーン一本を入れ、小さな木製のまな板はそのバケツの蓋かわりに上に置いていた。また、荷台の下段の両側に追加用ジャムウを入れ、それらはクニ・アスム一・五リットル一本、グラ・アスム一・五リットル一本、ブラス・クンチュル一・五リットル一本と、日によって異なるが、黄色で少し苦みのあるトゥムゥラワ・プヤン五〇〇ミリリットル一本、キンマの葉が入った緑色のクンチ・シリ五〇〇ミリリットル一本、パパイヤの葉が入ったダウン・プパヤ五〇〇ミリリットル一本、空のペットボトル一本であった。雨が降りそうな日は雨具を入れ、近所の親せきの九〇歳代女性から依頼があれば、彼女用の噛みタバコに使用するキンマの葉を数枚前輪のかごに入れていた。筆者は、行商直前のジャムウの瓶が積まれた自転車を押させてもらったが、自転車は非常に重く、行商にはかなり体力が必要であると実感した。

G氏に筆者が同行中、衛星測位システム（GPS）で測定した、ある一日の販売経路を図6で示す。販売経路は天気とG氏の気分で少し変化するが、概ね同じ時間帯に常連客がいる場所を中心に行商していた。顧客は夕方自宅にいると、G氏が顧客の自宅の前に行商に来るため、定期的にジャムウを飲用しやすい環境であった。彼女は、常連客の家の前で顧客の姿が見えない時、「ジャムピ、ジャムピ、ブ。」と呼び掛け、その意味は「ジャムウ行商婦人（が来た）」である。さらに自転車のハンドルに付けた直径約一〇センチメートルの大きなベルを鳴らし顧客に知らせていた。夕方、広場で村人がバレーボールの練習をしていると、練習場所の前で販売することもあった。

G氏の顧客への接客について、彼女は常連客のジャムウの種類を覚えており、常連客にジャムウの種類を尋ねることなく準備していた。時に顧客から健康相談があれば、助言し相談内容に合ったジャムウを勧めていた（第四節2項に記載）。また彼女の親戚や近所の人、親しい友人以外の顧客へ、従順で丁寧な接客を行っていた。新規の顧客がジャムウを購入する時、顧客がジャムウの種類の選択に迷っていると、性別や年齢など顧客の外見からジャムウの種類を勧め、使用目的や嗜好など質問に応じていた。

写真17　行商に使用している自転車。自転車は二代目で、ジャムウの瓶を入れる荷台は、大工に特別に注文した（2018年）

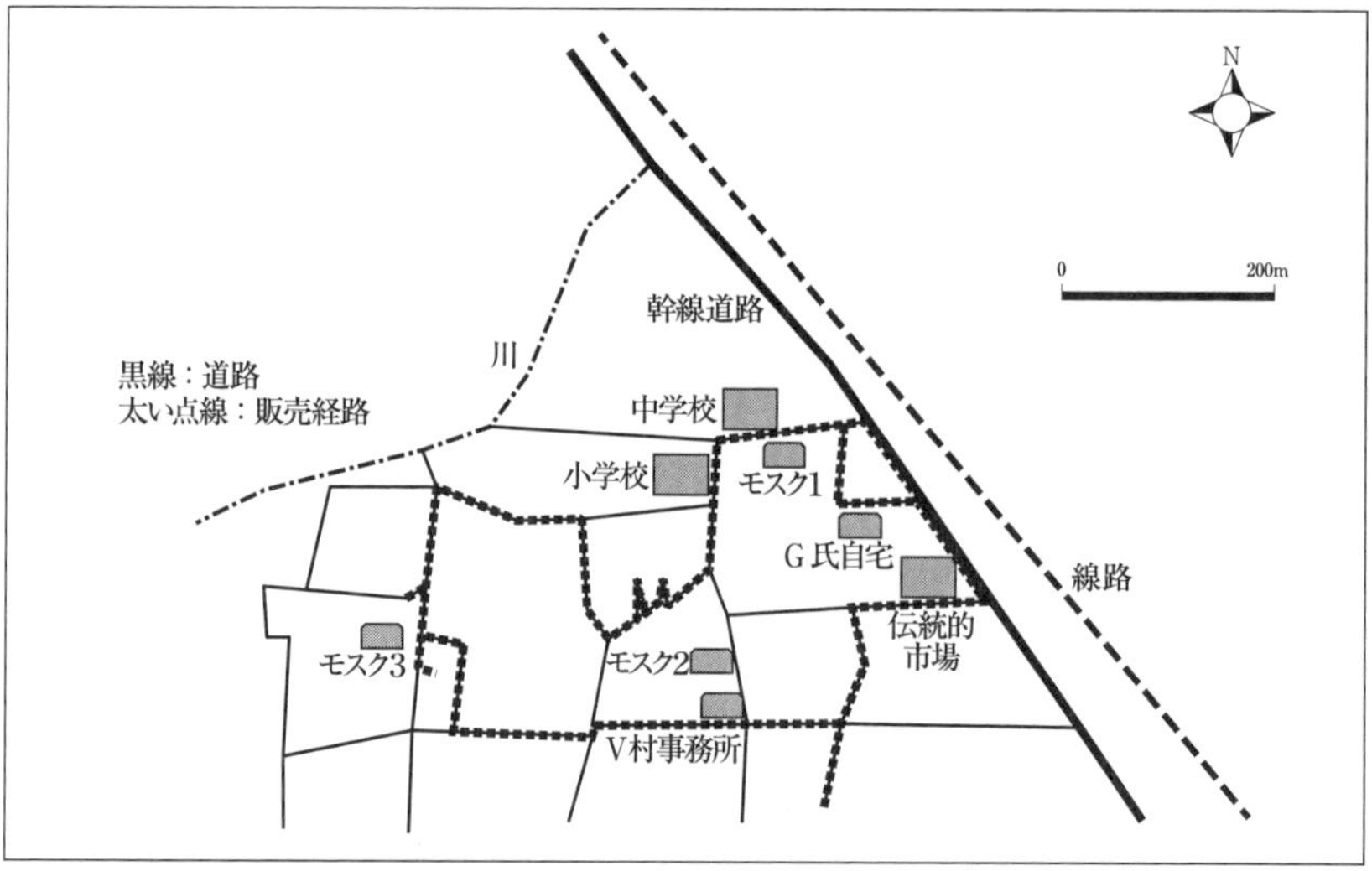

図6　G氏のある一日の販売経路　（筆者作成）

4　行商以外のジャムウ活動

普段の行商以外に、G氏はジャムウ行商婦人の仕事や用事がある。彼女は、郡の保健センターや事務所から依頼を受けると、会議や行事の場でジャムウを提供することがあった。二〇一九年一月も、彼女は郡の事務所から依頼を受け、県の婦人会議でジャムウを提供した（写真18）。彼女は伝統的なジャムウ行商婦人の衣装を着て、会場の玄関先で、会議の開催前後や休憩中に、参加者にジャムウを配った。インドネシアでは、一般的に会議の休憩時間に飲み物と菓子、食事時間を挟む場合は食事が配布される。話を戻し、この会議の参加者は、県知事や各郡長、各局長、その夫人達であり、参加者が数種類のジャムウから選び、G氏がガラス瓶からコップにジャムウを注いだ。スコハルジョ県はジャムウで有名な県であり、彼女のような行商婦人が作ったジャムウが会議や行事の飲み物として提供されることがある。この日、彼女の表情は特に嬉しそうで誇らしく見えた。彼女はジャムウを通じて、県知事と顔見知りで、長女の結婚式に県知事も招待した。

G氏は保健局やジャムウ製造会社が主催するジャムウの研修に参加することもあった。近年、政府が安全で品質のよいジャムウを提供するよう指導していることや、スコハルジョ県がジャムウで有名な地域であることから、研修会が年に一回程度開かれた。彼女はこのような研修会に、保健所担当者から誘いがあれば、積極的に参加していた。彼女が最近参加したものは、二〇一七年一一月の保健局主催の研修会と、同月にスラカルタ市で開かれたジャムウのイベントであった（二〇一八年時点）。このような研修会やイベントを通して、彼女はジャムウ作りの衛生面への配慮など知識を更新すると同時に、保健局や郡の役人と顔見知りになった。彼女は以前行商婦人のグループに所属し、頼母子講（アリサン：*Arisan*）で定期的に集まっていたが、今は参加していなかった［佐々木　二〇〇八：一七］。また県内にジャムウ組合があるが、彼女は加入していない。

写真18　G氏が県の婦人会議でジャムウを配る様子（2019年）

5　行商婦人の日常

G氏は行商婦人という役割以外に、母親・妻・祖母という家庭内の役割もあった。ジャムウ作りの後、家族の食事を作り、行商までの時間、軒下の洗い場で洗濯物を手洗いし、衣類のアイロンがけをしていた。最近家事は長女と分担しているが、長女は幼稚園教諭で午前中仕事の時、G氏が孫の子守を引き受けていた。孫を見る彼女の表情は穏やかであった。彼女は食後や天気の良い日、軒先のベンチに座り、家族や親せき、近所の人と雑談を楽しんだ（写真19）。

G氏の暮らす地域では親せきや近所の人との付き合いがあり、結婚式や法要があれば隣組単位で助け合い、彼女は行商を休み炊き出し等準備に参加した（写真20）。料理上手の彼女は、味付けなど率先して行っていた。筆者が村に滞在中、隣組の婦人を中心にレクリエーションの行事があった。婦人や子ども、一部夫

写真19　夕方、G氏はバレーボールをする近所の人をみながら孫と過ごす。G氏は写真中央。(2019年：G氏家族撮影)

写真20　親族の死後千日目の儀礼の炊き出しの様子(2018年)

が参加し、バスを貸し切って隣県の山にでかけた。滝で写真を撮り、市場で買い物をし、バスの中でカラオケを歌い楽しんでいた。この行事の参加者の中には彼女の顧客も多くいた。また、この地域ではバレーボールが盛んで、彼女の自宅隣の敷地に、バレーボール用のネットが張られ、日中は子ども達、夕方は婦人達、夜や休日は男性達がバレーボールをしていた。このように、G氏はジャムウ行商婦人でありながら、地域の一員として顧客と近い関係で暮らしていた。

四　ジャムウを飲む人々と村人

1　ジャムウを飲む人々

日常的にG氏のジャムウを飲んでいる顧客がどのような人々であるか紹介する。筆者はG氏の行商に同行し、顧客の名前、年齢、性別、顧客が飲むジャムウの種類、二杯目の口直しジャムウの有無とその種類について聞き取りを行った。そこで、顧客の性別や世代・年齢別顧客数とその平均を表3に示す。なお顧客の中には、家族のためにジャムウ飲料を持ち帰る者もいたが、その数は少ないことから、表3と表4の数に持ち帰り用のジャムウは含めていない。
聞き取りの結果、一日の平均顧客数は七二・九人であった。男女別の一日の平均顧客数は、男性が二〇・四人、女性が五二・五人で、女性のほうが多かった。行商婦人の顧客に女性が多いことは、先行研究でも言われている［高橋　一九八六：七二］。また世代や年齢別に顧客を見ると、多い順に学童期（小学生）、三〇歳代、就学前、二〇歳代、四〇歳代であった。顧客の中には、母親とその子どもの組み合わせも多く、就学前や学童期の子どもと、二〇歳代や三〇歳代の母親が一緒にジャムウを買う様子から、子ども達は幼い頃から親の勧めでジャムウを飲んでいた。また子どもは夕方外で遊んでいる時、行商婦人と会い、飲み物としてジャムウを飲用していた。これらのことから、ジャムウが子ども達の生活の身近にあることがわかった。なお、インドネシアの平均寿命が七一・六歳（二〇二一年）ということもあり、七〇歳以上の顧客はほとんどいなかった［Kementerian Kesehatan RI 2022: appendix3-o］。

次に、顧客がどのような種類のジャムウを飲んでいるか、人気のジャムウ上位五種類と、その購入総数、各ジャムウの一日の平均購入数、ジャムウの組み合わせ（単品または二―三種類等）、主な顧客層を表4に示す。一番人気のジャムウは、甘い味で飲みやすいブラス・クンチュル、二位が黄色のクニ・アスムとキンマの葉の苦みが少し混じったクニ・シリ（*Kunyit Sirih*）であった。三位は、甘酸っぱいグラ・アスム、四位は、クニ・アスムと、黄色の少し苦みのあるトゥムゥラワ・プヤン、さらにパパイヤの葉が混ざったクニ・トゥムゥラワ・プパヤ（*Kunyit, Temulawak, Pepaya*）、五位はジャムウの定番でウコンの香りがするクニ・アスムであった。ジャムウは、単品で飲むこともできるが、目的に合わせて二―三種類のジャムウを組み合わせて飲むことも多く、ジャムウの興味深い点である。また、ブラス・クンチュルやクニ・アスムは子ども、クニ・シリは二〇―四〇歳代の女性、クニ・トゥムゥラワ・プパヤは授乳期等、ジャムウの種類によって世代やライフステージ、性別など顧客層に特徴があった。

表3　顧客の性別、世代・年齢別顧客数とその平均（8日間の販売同行時）

日付		2018年12月25日	12月26日	12月27日	12月28日	2019年1月4日	1月5日	1月15日	1月19日	平均人数	割合（%）
性別	男性	18	20	20	26	18	22	17	22	20.4	28
	女性	46	41	61	52	45	56	62	57	52.5	72
年齢	0—5 就学前	4	5	11	7	7	13	11	13	8.9	12
	6—12 学童期	22	18	24	25	17	21	24	25	22	30
	13—17 思春期	4	5	5	7	5	1	4	3	4.3	6
	18—19	1	1	0	1	2	0	0	1	0.8	1
	20—21	5	8	13	6	6	10	7	7	7.8	11
	30—39	9	13	14	13	12	13	14	11	12.4	17
	40—49	12	5	5	7	6	6	7	10	7.3	10
	50—59	3	3	5	5	2	6	6	5	4.4	6
	60—69	3	3	4	7	5	7	6	4	4.9	7
	70以上	1	0	0	0	1	1	0	0	0.4	1
顧客（計）		64	61	81	78	63	78	79	79	72.9	

＊顧客の年齢は行商に同行した日の時点である
性別や各年代の平均人数は、小数点以下第2位を四捨五入している
家族のための持ち帰り用ジャムウは対象に含めない

ジャムウを飲む人々についてさらに詳しく知るため、顧客へ個別の聞き取りを行った。G氏の顧客のうち、V村に住む一八歳以上、四四人が対象である（回収率一〇〇%）。彼女の顧客には子どもいたが、聞き取りを行うことが困難であるため年齢を制限した。また、対象者は筆者が彼女の行商販売に事前に八日間同行し、その期間に最低二日以上ジャムウを飲んだ顧客で、調査の参加に同意した者である。聞き取り調査は、後日筆者が各顧客の家庭を訪問し一人ずつ行い、G氏や他人の存在に影響されないように配慮した。調査期間は二〇一九年一―二月で、一人あたり三〇―四〇分間、質問票に基づいて聞き取りを行い、その後、自由回答形式のインタビューを行った。

まず、顧客の基本的属性を表5で示す。性別は女性が多く（九一%）、年齢は三〇歳代と四〇歳代の順に多かった。宗教はイス

表4　ジャムウ上位5種類の購入総数、1日平均購入数、組み合わせ数、主な顧客層（8日間）

ジャムウの種類	ジャムウの購入総数	1日の平均ジャムウ購入数	ジャムウの組み合わせ数	主な顧客層数／購入者総数
ブラス・クンチュル（*Beras kencur*）	126	15.8	単品	子ども（就学前–学童期）93人／合計126人
クニ・シリ（*Kunyit Sirih*）	114	14.3	2種類	20–40歳代女性 87人／合計114人
グラ・アスム（*Gula asam*）	85	10.6	単品	子ども（就学前ー学童期）59人／合計85人
クニ・トゥムゥラワ・プパヤ（*Kunyit Temulawak Pepaya*）	61	7.6	3種類	授乳期の女性 59人／合計61人
クニ・アスム（*Kunyit asam*）	39	4.9	単品	女性の思春期–成人女性（月経期間に飲まれることが多いが月経の有無は不明）思春期9人、成人女性19人／合計39人

1日の平均ジャムウ購入数は、小数点以下第2位を四捨五入している
2杯目の口直しジャムウはカウントしない
家族のための持ち帰り用ジャムウは対象に含めない

ラーム教徒（九八％）、民族はジャワ人（九三％）が多かった。G氏の行商地域は、彼女の居住地区を含む四地区であり、顧客の住所はG氏と同じ地区の者が半数以上いた（五七％）。顧客の職業は主婦（四五％）、商人（二五％）の順に多く、比較的時間を自己管理しやすい者が多かった。世帯主の職業は従業員（工場勤務など）（二五％）、商人とその他自営業がそれぞれ（二〇％）、農家（一八％）の順に多かった。顧客の学歴は小学校（三〇％）、高等学校または高等専門学校（二七％）の順に多かった。家族の世帯人数[17]は三人が多く、続いて四人であった。

続いて、顧客は日頃どのようにジャムウを飲んでいるか、ジャムウの種類や口直しジャムウ、頻度、開始時期、目的等を表6に示す。まずジャムウの種類について、一番多いのがウコンやキンマの葉が混ざったクニ・シリ、二番目は三種類のジャムウを混ぜたクニ・トゥムゥラワ・プパヤ、三番目はウコンやジャワウコンを混ぜたクニ・トゥムゥラワ（*Kunyit Temulawak*）、そして見た目が黒っぽく味もかなり苦いサンビロト／パヒットの順番であった。一番人気があったクニ・シリは、定番のクニ・アスムとキンマの葉が入ったクンチ・シリの二種類の混合物で、生理痛の緩和、膣分泌物の緩和、体臭防止、かゆみの緩和、抗酸

表 5　顧客の基本的属性

	人数（人）（N ＝ 44）		割合（%）
性別	男性	4	9
	女性	40	91
年齢（男性）［平均年齢 41.5 歳］	18 － 19 歳	1	2
	20 － 29 歳	8	18
	30 － 39 歳	12（1）	27
	40 － 49 歳	10（2）	23
	50 － 59 歳	8	18
	60 － 69 歳	4（1）	9
	70 歳以上	1	2
宗教	イスラーム	43	98
	カトリック	1	2
民族	ジャワ	41	93
	マドゥーラ	3	7
住所	G 氏と同じ地区	25	57
	その他 3 地区	19	43
職業	主婦	20	45
	商人	11	25
	その他	13	30
世帯主の分類別職業	従業員（工場等）	11	25
	商人	9	20
	その他自営業	9	20
	農家	8	18
	その他	7	16
教育	小学校	13	30
	中学校	6	14
	高等学校／高等専門学校	12	27
	短期大学	4	9
	大学またはそれ以上	6	14
	未就学	3	7
家族の世帯人数	3 人家族	17	39
	4 人家族	13	30
	その他	14	32

表6　顧客のジャムウ飲用状況（種類、口直しジャムウ、頻度、開始時期、分類別飲用目的）

		人数（人）（N = 44）	割合（%）
ジャムウの種類	クニ・シリ（*Kunyit Sirih*）	15	34
	クニ・トゥムゥラワ・プパヤ（*Kunyit Temulawak Pepaya*）	10	23
	クニ・トゥムゥラワ（*Kunyit Temulawak*）	7	16
	サンビロト（*Sambilot*）／パヒット（*Pahit*）	5	11
	クニ・アスム（*Kunyit asam*）	3	7
	その他	4	9
いつも同じ種類のジャムウを飲んでいるか	はい（同じ種類を飲用）	38	86
	いいえ（種類を変えて飲用）	6	14
2杯目の口直しジャムウを飲んでいるか	いつも飲んでいる	39	89
	時々、飲んでいる	1	2
	飲んでいない	4	9
飲用している口直しジャムウの種類（複数回答）	ブラス・クンチュル（*Beras kencur*）	23	-
	グラ・アスム（*Gula asam*）	10	-
	スチャン（*Secang*）	9	-
	クニ・アスム（*Kunyit asam*）	1	-
ジャムウを飲用する頻度	行商中のG氏に会えばいつも飲む	17	39
	週に2–4回	12	27
	いつもではないが、G氏を見かけたら飲む	6	14
	月経期間中	4	9
	その他	5	11
いつからG氏のジャムウを飲んでいるか	7年以上	15	34
	5年以上7年未満	12	27
	3年以上5年未満	9	20
	1年以上3年未満	6	14
	1年未満	2	5
分類別ジャムウ飲用目的（複数回答）	健康増進	30（44人中）	68
	疾病予防	19（44人中）	43
	女性のライフイベントサポート（女性のみ）	30（40人中）	75
	治療	1	
	その他（美容、嗜好飲料等）	8	

口直しジャムウの種類は、時々種類を変える者がいたため、複数回答とする

化作用の効果があるとされ（G氏聞き取り）（表1）、味は少し苦みがある。次に人気のクニ・トゥムゥラワ・プパヤは、クニ・アスムとトゥムラワ・プヤン、ダウン・プパヤの三種類の組み合わせで、主に授乳の改善のために飲用されていた。これはパパイヤの葉の味が残るが新鮮な飲み物である。対象者に成人女性が多いことから、女性が好む種類が上位を占めた。次に、いつも同じ種類のジャムウを飲んでいるかという質問に対して、多くの顧客が決まったジャムウを飲んでいた（八六％）。そして、行商婦人のジャムウは、一般的にメインの一杯目のジャムウに苦みや葉の味が残ることがあり、二杯目の口直しジャムウを少量飲むことが多い。実際、対象者のうち、八九％の人が口直しジャムウを飲んでいた。その種類は、ブラス・クンチュル、グラ・アスム、スチャンの順に多く、どれもサトウヤシが入った甘い味である。次にジャムウを飲む頻度は、行商中のG氏に会えばいつも飲む（三九％）、週に二―四回（二七％）、いつもではないがG氏を見かけたら飲む（一四％）、月経期間中（九％）の順に多く、顧客は定期的にジャムウを飲んでいた。二〇一八年、G氏は孫の世話で忙しく、また夕方の行商時間は、親せきや近所の行事の参加や準備等と用事が重なり、行商を休むことが増えた。さらに、雨季で大雨が降り続いた時は行商を休まなければならず、毎日行商を行えていなかった。この時期、顧客は彼女の行商に合わせてジャムウを飲んでいた。

次に、顧客がG氏のジャムウをいつから飲んでいるか尋ねた。ちなみに彼女はこの地域で七年前からジャムウの行商を行っていた。顧客が彼女のジャムウを飲み始めた時期は、七年（三四％）、五年以上―七年未満（二七％）、三年以上―五年未満（二〇％）の順に多く、数年来にわたってジャムウを飲んでいた。さいごに、ジャムウ飲用の目的を分類別にまとめた（複数回答）。その結果、積極的に健康を確保するという健康増進[18]が六八％、病気を予防する疾病予防[19]が四三％、女性のライフステージごとにおこる特徴や変化に対応した女性のライフイベントサポート[20]が七五％であった。このことから、多くの顧客が目的意識を持ち、特に健康増進や女性のライフイベントサポートの目的でジャムウを飲んでいることがわかった。高橋澄子の研究によると、ジャムウ飲用の目的は、健康増進や病気の治療、美容、女性の月経・出産等［高橋　一九八八：五―八］であり、本調査と概ね類似していた。近年、政府が妊婦のジャムウ飲用を控えるよう注意しているため、産後から再び利用されている。また、病気の治療で利用している者は少なく、ジャムウは健康維持や疾病予防の観点から一躍を担っている。

2　行商婦人との会話

行商中のG氏と顧客のやりとりから、両者の関係について紹介する。彼女の販売地域が、彼女の居住地区と近隣地区であることから、顧客の中には親せきや近所の人、隣組のメンバーなど親しい者も含まれていた。それ以外の顧客も数年来に渡って彼女のジャムウを飲用している者が多く、顧客と彼女は行商を通じて顔見知りの関係にあった。彼女は常連客が日常的に飲むジャムウの種類を覚えており、種類を聞かずにジャムウを準備していた。行商中の会話は、あいさつと短時間ではあるが時々雑談をしていた。常連客は、彼女の住んでいる場所や家族構成を知っているようであった。顧客は、彼女に薬草や伝統薬の専門家として身構えて接するのではなく、少し薬草に詳しい近所の行商婦人として対等に接していた。また、彼女は地域社会の一員として顧客と等しい立場であった。筆者がインドネシアで保健師として従事していた経験や、スコハルジョ県の保健センターで医療従事者と患者が会話する様子を見聞きしたが、医療従事者と患者、その家族の関係は、医療従事者のほうが優位であることが多かった。これはインドネシアに限られたことではなく、医療従事者と患者の間には、心身の不調について見方が異なり、知識や社会的階層などの違いから不平等になりやすい［ヘルマン　二〇一八：一三一、一五四］。一方、G氏と顧客の関係は、商人と顧客、地域の一員というように優越の関係はあまり見られず、近い立場であった［Sugino *et al.* 2022: 64］。

次に、G氏が行商する夕方の村の様子を紹介する。村では、夕方になると自宅の屋内で過ごす者や、自宅の軒先のベンチや道端で近所の人と雑談をする者もいた。また、子どもが外で遊び大人がその姿を見守り、バイクで子ど

写真21　行商中のG氏とジャムウを飲む顧客（2018年）

もと出かけるなど、人々は比較的ゆったりと時間を過ごしていた。G氏は行商中、もし常連客が不在であれば、その家族にジャムウを預け、またはドアの近くの常連客が気づく場所にジャムウを置くこともあった。そして、その常連客は帰宅後、持ち帰り用ジャムウを飲むことができた。このように、顧客はジャムウを飲むために自ら足を運ばず、彼女の行商を自宅の前で待ちかまえなくても、定期的に手作りの新鮮なジャムウを飲むことができた。筆者は、このような環境が羨ましく思えた。特に授乳期の顧客は、自身が不在でも持ち帰り用のジャムウを家族が代わりに預かり、できるだけジャムウを飲むようにしていた。G氏も販売地域で、授乳期の顧客を把握しており、できるだけ立ち寄るようにしていた。また彼女は、子どもの顧客の名前や住まい、その親が誰であるか知っていた。

ここで、行商時のG氏と顧客のやりとりについて一部紹介する。

［事例1］女性顧客A氏が「お腹が痛い。どのジャムウを飲めばよいか」とG氏に相談した。G氏はウコンのみで絞った飲料を勧めた。これはクニ・アスムを作る過程で、ウコンのみの原液を一部ボトルに詰めたものだ。数日後、A氏は体調が改善したと喜んだ。このように軽症の時、ジャムウを利用し相談する者がいた。

［事例2］G氏は行商中、同世代の友人である常連客B氏の家に立ち寄り二人で雑談を始めた。村で最近、幼い子どものいる女性が亡くなった話になり、G氏は目に涙を浮かべ深く同情していた。

［事例3］G氏は常連客C氏が販売するおかずを買うこともあった。彼女は常連客と相互の関係が見られた。

このように、G氏はただジャムウを販売するだけでなく、顧客を気遣い日頃から関係を築いていた。彼女のジャムウが、顧客の健康維持や女性のライフイベントサポート等、健康や生活の課題に関係することから、常連客の中には、彼女に体調の相談ができ、日常の出来事の共感が得られ、ジャムウの利用を通じて健康や生活の課題の緩和など癒しになっているようである。余談になるが、筆者も最近初めての育児を日本で経験した。筆者は保健師だったため、一般の方より少し知識や経験があり初めての育児を安易に考えていた。しかし、毎日の育児や子どもの成長に向き合うと知識だけではうまくいかず、同性の子育ての経験者に少し質問や話を聞きたいと思うことがあった。医療従事者に尋ねるほどではない些細な疑問が日々出てきた。このような時、子育てを経験した行商婦人との会話や、特に母親の体に問題がおきやすい授乳期に、母乳生成促進のジャムウを利用できること、定期的に自宅に立ち寄ってくれる行商婦人の存在は心強いと思った。

3　顧客のジャムウの知識や飲み方

次に、日頃ジャムウを飲む顧客のジャムウの知識や飲み方について、聞き取った内容を紹介する（表7）。いつも飲んでいるジャムウの効果または効能を知っている者が九三％で、対象者は効果や効能を知った上でジャムウを飲んでいることがわかった。それらの効果や効能について情報をどこから得たかという質問に対して（複数回答）、家族（二五人）、行商婦人（一〇人）と近所の人（一〇人）が多く、主に身の回りの人から情報を得ていた。次に、ジャムウの効果や効能を実感しているかという質問に対して、実感している者が五五％、とても実感している者が三六％で、多くの対象者が効果や効能を実感していた。ジャムウに関する経験談について、「症状が緩和した」等ジャムウを飲んで良かったと思う者が九八％であった。一方で、ジャムウを飲んだ後、ふらつきがみられたという、良くない経験をした者が一人いた。全体としては、ジョグジャカルタ市で行ったTorriの研究でも、ジャムウの利用について肯定的な態度がみられたことと一致した［Torri 2013: 36］。

続いて、ジャムウの飲み方について、自分でルールを作り、何か気をつけている者が五五％（一四人）であった。そのルールの内容は（複数回答かつ自由記述）、頻度や回数が一四人、一回の用量が六人、近代医療の薬と併用しないが五人、ジャムウを飲む時間帯が三人であった。半数近くの対象者がジャムウを飲む時に上記のように気をつけていた。一方、残り半数の顧客は、ジャムウを飲む時、特に何か気をつけているということはないようである。筆者は顧客がジャムウを飲む時、危険な飲み方をしている者は見かけなかったが、ジャムウは複数の薬用植物から作られているため、一回の用量や近代医療の薬と併用しないなど配慮することが望ましい。先行研究でも、ジャムウの利用者は、ジャムウの副作用の可能性や飲む時の注意点など認識が欠けていると指摘している［Torri 2013: 32-34］。

またこの地域はジャムウ行商婦人で有名な地域であることから、V村にはG氏だけでなく、他のジャムウ行商婦人もいた。筆者が彼女の販売地域で直接見かけ、村人から聞いた行商婦人は最低でも二人おり、G氏と行商地域が一部重なっていた。そのため、筆者は顧客にG氏以外の他の行商婦人のジャムウの利用や、G氏または彼女のジャムウを選ぶ理由、ジャムウの価格について聞き取りを行った（表8）。その結果、他の行商婦人のジャムウも飲んでいる者が二五％で、その飲用者は、授乳期で母乳生成促進のジャムウを毎日飲んでいる者や、幹線道路沿いの家で他の行商婦人の販売経路になっている者が含まれた。次に、G氏または彼女のジャムウを選ぶ理由は（複数回答）、「おいしいから」が二二人、「清潔・安全」が九人、「行商中の彼女に会うから」が九人の順に多かった。彼女はジャムウ作りで味や衛生面にこだわっていたが、顧客からも味や衛生面の評価が得られ、彼女の努力が反映されていた。続いて、G氏のジャムウの価格は、コップ一杯のジャムウが二〇〇〇ルピア、日本円で約一五・四円（一ルピアが約〇・〇〇七七円、二〇一九年一月一四日時点）、子どもは半額の料金であった。顧客のジャムウの価格の満足度は、ふ

4　ジャムウを飲む人々と村人

表7　顧客のジャムウに関する知識や飲み方

		人数（人）(N = 44)	割合（%）
飲用しているジャムウの効果または効能を知っているか	知っている	41	93
	知らない	3	7
ジャムウの効果または効能について情報をどこから得たか（複数回答）	家族	25	-
	ジャムウ行商婦人（G氏を含む）	10	-
	近所の人	10	-
	インターネット	3	-
	自分の経験談から	2	-
	その他（友人、本、新聞、テレビ）	4	-
ジャムウの効果または効能を実感するか	とても実感する	16	36
	実感する	24	55
	普通	3	7
	その他（はっきりしない）	1	2
ジャムウに関する経験談	（症状が緩和した等）良かった経験がある	43	98
	（飲用後、ふらつき等）良くない経験がある	1	2
ジャムウの飲み方について、自分でルールを作っているか	ルールがある	24	55
	ルールがない	20	45
ルールの内訳（複数回答）	頻度／回数	14	-
	量	6	-
	近代医療の薬と併用しない	5	-
	時間帯	3	-

表8　顧客のG氏以外の行商婦人の利用、G氏のジャムウの選択理由、ジャムウの価格の満足度

		人数（人）(N=44)	割合（%）
G氏以外の他の行商婦人のジャムウを飲用しているか	はい	11	25
	いいえ（G氏のみ）	33	75
G氏または彼女のジャムウを選ぶ理由（複数回答）	おいしいから	22	-
	清潔／安全	9	-
	G氏に会うから	9	-
	ジャムウを評価したもの（よい、健康、好き）	6	-
	すでにG氏の顧客だから	6	-
	近所、友達、知り合いだから	5	-
G氏のジャムウの価格について	ふつう	22	50
	安い	15	34
	とても安い	7	16

つうが五〇％、安いが三四％、とても安いが一六％で、高いと感じている者はいなかった。ちなみに、V村で販売されている五〇〇ミリリットルの一般的なミネラルウォーター（商品名Aqua）が三五〇〇ルピアであった（二〇一九年）。複数の薬草が調合された手作りのジャムウの価格は安いといえる。また、この価格は定期的に村人が買うことのできる設定である。筆者が以前（二〇一八―二〇二〇年）、さまざまな地域で行商婦人のジャムウを飲んでいるが、コップ一杯のジャムウの価格は、一般的にジャカルタで五〇〇〇ルピア、ジョグジャカルタ市の大通りの市場では三五〇〇ルピアと、村と都市、首都など販売地域や場所で価格に違いがある。

ここで、三人の顧客のジャムウの利用を紹介する。

［事例1］顧客D氏（女性・三〇歳代・子育て期）：専業主婦で、夫と四歳の子どもの三人家族。子宮の健康のために、女性に人気のクニ・シリを飲んでいる。特に月経時ジャムウを飲みたくなるそうだ。

［事例2］顧客E氏（女性・二〇歳代・授乳期）：専業主婦で、二ヶ月前に第一子を正常分娩で出産した。産後一週間後から、G氏の作る三種類混合のクニ・トゥムゥラワ・プパヤを一日二回飲んでいた。E氏は「このジャムウは母乳がよく作られ、新鮮な母乳を（子どもに）あげることができる。赤ちゃんもよく母乳を飲んでくれる」と語った。

［事例3］顧客F氏（男性・六〇歳代後半・老年期）：幹線道路沿いで小規模のバイク修理店を営み、今は息子に譲っている。店の仕事を二時間手伝い、朝の四時間畑仕事をしている。現病歴なし。黒っぽく苦い味のサンビロト／パピットを飲んでいる。F氏は「ジャムウを飲むと体の調子がよく、さわやかな気分になる。食事がおいしいと感じ、排便がスムーズだ。見た目も若く見え、長生きできる」と語った。

4　女性顧客のジャムウ飲用のライフヒストリー

行商婦人のジャムウの特徴は、各世代やライフステージで選ばれるジャムウの種類が異なり（表4）、そのライフステージで飲まれているジャムウが女性特有の健康課題に対応していることである。そこで、さらに詳しい調査を行うため、女性の対象者四〇人にジャムウ飲用のライフヒストリーを聞き取った（表9）。なお、男性特有の悩みに関するジャムウも存在するが、女性であるG氏は、男性に特化したジャムウを扱っていないことによる偏りがあることを付言しておく。G氏はジャムウで有名な地域で生まれ育った女性であることを活用し、顧客層の厚い女性に対して女性向けのジャムウを提供することで利益を確保してきた。一方、男性の顧客は、一般的に男性店主が営む屋台のジャムウを利用するようである（筆者現地調査より）。男性は外で働いているため、日中の村内では主要な顧客にならないのである。男性向けの既製品ジャムウの例としては、筋肉質の男性のイラストが描かれた包み箱で、疲労回復、体力維持、その他精力剤等があり、村内で行商婦人から買うよりも、村から離れた屋台で買うことが多いようである。

さて、女性顧客のライフヒストリーに戻ると、ジャムウを飲み始めた年齢は、思春期が最も多く、就学前―学童期、授乳期の順に続いた。また、就学期前―学童期ではブラス・クンチュルを飲む者が多く、G氏から聞き取ったジャムウの効能を照らし合わせると、その効能は体を温める、食欲増進であった。思春期ではクニ・アスムを飲む者が多く、その効能は生理痛緩和、にきびや便秘の改善であった。授乳期ではパパイヤの葉が調合されたダウン・プパヤ（*Daun pepaya*）またはウユプ・ウユプ（*Uyup-uyup*）を飲む者が多く、その効能は母乳生成促進であった。なお、授乳期のジャムウは、G氏の場合パパイヤの葉を利用するが、行商婦人によって主な薬用植物の材料が異なる。そのため、授乳期のジャムウを総称してウユプ・ウユプと呼ぶこともある。そして、子育て期ではクニ・シリを飲む者が半数以上で、その効能はおりものトラブルや体臭の予防であった。閉経期以降に飲まれることの多いクニ・トゥムゥラワは五〇歳代以降の顧客が好み、その効能は血行促進や関節痛改善、高血圧予防であった。上記の結果は、各ライフステージで選ばれるジャムウがあり、そのジャムウの効能は各世代やライフステージの健康や生活の課題に対応している。これは、本項冒頭の行商婦人のジャムウの特徴と同じで、筆者が興味深いと思っている点である。まとめると、女性顧客は各世代やライフステージに合わせてジャムウの種類を変え、生涯にわたってジャムウを飲用し続けることができる［Sugino *et al.* 2022: 62］。

ここで、一人の女性顧客のジャムウ飲用のライフヒストリーを紹介する。

［事例1］H氏は、五〇歳代半ばで、自宅で仕立ての仕事をしている。七歳からジャムウを飲み始め、定期的にクニ・アスムを飲んでいた。結婚後、子どもが産まれ、授乳期に行商婦人の作った母乳生成促進のジャムウを飲んでいた。その後、クニ・シリを飲み、閉経後クニ・トゥムゥラワを飲んでいる。自分でジャムウを手作りすることもあり、テレビの番組で知った甘いスチャンのジャムウを作り、喉が痛い時は、ブラス・クンチュルを作るそうだ。「ジャムウを飲んでいると体調がよい」と語った。

先行研究でも、行商婦人のジャムウは特に女性顧客に支持され、ジャムウの中には女性特有の健康課題に対応したものもある［Beers 2001: 129; 高橋　一九八六：七二］。女性は月経や妊娠、出産、授乳期、更年期など身体的・心理的変化、さらに結婚など社会的変化に適応する必要があった［久米・飯島　二〇〇七：V—VI］。しかし、ジャワの伝統的な社会では、イスラームの戒律やジャワの慣習によって女性特有の課題についてオープンに語られることはほとんどなかった［e.g.Beers 2001: 129, 142-143; 小國　二〇一九：五二、五六—六三］。そのような中、女性顧客は変化への適応や課

表9　女性顧客のジャムウ飲用のライフヒストリー

ライフステージ	ジャムウ飲用の開始時期（人）	ジャムウの種類	飲用者／回答者（人）	ジャムウの効能（行商婦人G氏の聞き取りより）
就学前一学童期	9	ブラス･クンチュル（*Beras kencur*）	7／9	体を温める、食欲の促進
思春期	19	クニ・アスム（*Kunyit asam*）	26／28	生理痛緩和、にきび改善、便秘改善
授乳期	9（うち3人は結婚前）	ダウン・プパヤ（*Daun pepaya*）またはウユプ・ウユプ（*Uyup-uyup*）	35／38	母乳生成促進、食欲の促進
子育て期	0	クニ・シリ（*Kunyit Sirih*）（クニ・アスム *Kunyit asam* とクンチ・シリ *Kunci sirih*）	19／32	クニ・アスムは、「思春期」に同じ クンチ・シリは、おりものトラブル予防、体臭の予防
閉経期以降	0	クニ･トゥムゥラワ（*Kunyit Temulawak*）（クニ・アスム *Kunyit asam* とトゥムゥラワ・プヤン *Temulawak puyang*）	6／14	クニ・アスムは、「思春期」に同じ トゥムゥラワ・プヤンは、血行促進、関節痛改善、高血圧予防

題の対応に、生活圏内で同性の顔見知りの行商婦人から、目的に合ったジャムウを届けられることで不安や心配が軽減されることもある［Sugino *et al.* 2022: 63］。

5　行商婦人が作るジャムウ以外の利用

第二節2項で紹介したように、この地域も病院やクリニック、薬局など近代医療や、伝統医療、薬用植物の関連施設、民間療法がある。そこで日常的に行商婦人のジャムウを飲む人々は、自身の症状や病気に対してどのように対応するか、行商婦人のジャムウ以外の利用について聞き取りを行った（表10）。まず、G氏の顧客で過去二週間以内に症状や病気があり、何らかの対応をした者が一〇人（一三%）いた。そのうち、風邪症状があった者が三人で、その対応は、クリニックを受診し薬を飲んだ者、既製品のジャムウを飲み休養した者、同じく既製品のジャムウを飲みジャワに昔から伝わるコインマッサージ（ケロカン：*kerokan*）をした者がいた。コインマッサージは、ジャワの地域で風邪の引きはじめに薬草オイルを使用し、背中にコインでマッサージを行い、体内に入った風邪を出す目的がある。また、持病やそれに

表10　顧客の2週間の症状や病気の有無、他の伝統医療や民間療法の利用

		人数（人）（N=44）	割合（%）
過去2週間以内に症状や病気があり、対応したか	はい	10	23
	いいえ	34	77
他のジャムウ製品や薬用植物を飲用しているか	飲用している	26	59
	飲用していない	18	41
（内訳）N=26（複数回答）	既製品のジャムウ	14	-
	薬用植物（栽培、煎剤用、既製品等）	7	-
	煎剤用ジャムウ	1	-
	その他	5	-
家庭でジャムウを手作りしているか	はい	20	45
	いいえ	24	55
飲料以外に、他の伝統医療や民間療法を使用しているか	使用している	40	91
	使用していない	4	9
（内訳）N=40（複数回答）	コインマッサージ	28	-
	薬草オイル	25	-

伴う症状があった者が三人で、その病気や症状は高血圧、膝の関節痛、胃炎で、高血圧や膝の関節痛の者は、かかりつけのクリニックを受診し、薬を飲んでいた。胃炎のある者は、薬局で薬を買い、行商婦人のジャムウを飲み、辛い食事を控える等食事療法を行っていた。さらに、授乳期の二人の女性が体調不良や発熱があり、この時期の服薬は注意が必要なことから、両者とも病院を受診していた。その他、腹痛が見られた者は休養に加え、家族が作るジャムウや薬用植物を飲み、夜間に足の裏が痛い者は、寝る前に水分を多く摂るようにしていた。これらのことから、病院やクリニックの受診、医薬品の服用など近代医療の利用だけでなく、行商婦人や既製品のジャムウなど伝統医療、コインマッサージなど民間療法、休養や食事療法など生活行動の対応と、自身の病気や症状に合わせて、さまざまな対応をし、病気や症状に対して選択肢もいろいろあることがわかった。

続いて、行商婦人以外のジャムウや薬用植物を飲用しているかという質問に対して、飲用している者が五九％であった。その内容は（複数回答）、既製品のジャムウが一四人、薬用植物（栽培、煎剤用、既製品）が七人の順に多かった。家庭でジャムウを手作りしている（自家製）者が四五％と、G氏のジャムウを飲みながら、自作して

いる人が半数近くいた。飲料以外の、塗布など他の伝統医療や民間療法を利用している者が九一%であった。その内容は（複数回答）、コインマッサージをする者が二八人、腹痛時や筋肉痛の時に薬草オイルでマッサージをするが二五人であった。ほとんどの顧客がジャムウを飲むだけでなく、伝統的なマッサージや薬草オイルの塗布などさまざまな伝統医療や民間療法も利用していた。

6　ジャムウを飲まない人々

これまでの調査はG氏の顧客に偏っていたため、次は顧客以外も含めたV村全体のことを調べた。まず、村長（*kepala desa*）および村内全一四地区の区長（*kepala dusun*）から承認を得て、一地区につき七世帯を無作為に抽出した。合計九八世帯を訪問し、各世帯の住民登録証に記載されている世帯員全員、合計三四〇人の村人を対象とした。筆者は、対象者の名前、性別、年齢など基本的属性と、過去六ヶ月以内に行商婦人のジャムウを飲んだか否か聞き取りを行い、世帯員が留守の場合は家族に回答してもらった。調査の結果（表11）、四六%の村人が行商婦人（G氏に限らない）のジャムウを利用していた。また、飲用者のうち男性（三四%）より女性（六六%）の方が、行商婦人のジャムウを飲用する傾向にあった。なお、行商婦人のジャムウが主に女性に利用されているというのは、ジャワで広く見られることである［高橋　一九八六：七一］。

続いて、行商婦人のジャムウを飲用していない村人にも聞き取りを行った[21]（表12）。対象者はV村のG氏の販売地域に在住し、一八歳以上のジャムウ非飲用者、四〇人である。ジャムウ非飲用者は過去六ヶ月以上行商婦人のジャムウを飲用していない者とした。

その結果、行商婦人のジャムウを飲用していない村人は男性が多く（六五%）、年齢は四〇歳代、三〇歳代、二〇

表11　V村における行商婦人のジャムウ飲用の有無と性別の関係

	ジャムウ飲用者（%）	ジャムウ非飲者用（%）	計（%）
男性	54 (16%)	122 (36%)	176 (52%)
女性	103 (30%)	61 (18%)	164 (48%)
計	157 (46%)	183 (54%)	340 (100%)

χ^2 値 35.247、 p 値 $p<0.05$

歳代の順に多かった。対象者全員がイスラーム教徒かつジャワ人であった。職業は、従業員（工場勤務等）（二三%）、商人（二〇%）の順に多かった。学歴は高等学校または高等専門学校（五三%）、中学校と短期大学、大学がそれぞれ一三%であった。

ジャムウについて、最後に行商婦人のジャムウを飲んだ時期は、五年以上前が四三%、一年以上三年年未満が三八%の順に多かった。そして、行商婦人のジャムウを飲用しない理由は（複数回答）、「行商婦人に会わないから」が一六人、「ジャムウが好きではないから」が一〇人、「健康だから必要ない」が六人いた。次に、行商婦人のジャムウについて対象者の考えを尋ねたところ（自由記述）、ジャムウを評価した肯定的な意見が三二人であった。その内容（複数回答）は、ジャムウが「健康または体に良い」が一六人、「材料が自然のものであり、食品添加物が入っていない」が一〇人、「ジャムウは良い、好きである」が八人であった。このように行商婦人のジャムウを飲んでいないが、ジャムウについて肯定的な意見が多かったのである。一方、ジャムウについて課題があるという意見は四人で、その内容はジャムウが「清潔でない」が二人、「苦いまたは味が好きでない」と、「いつも行商婦人に会わないから」が一人ずつであった。また行商婦人のジャムウの必要性について、「必要である」と回答したのが四八%、「特に必要でない」が五三%であった。行商婦人のジャムウは飲用していないが、他のジャムウや薬用植物を「飲用している」が四〇%、「飲用していない」が六〇%であった。他のジャムウや薬用植物を飲用している一六人の内、ジャムウ以外の薬用植物が九人、家庭で作る（自家製）ジャムウが三人という順に多かった。

表 12　ジャムウを飲用していない村人の基本的属性とジャムウに関する項目

		人数（人）（N = 40）	割合（%）
性別	男性	26	65
	女性	14	35
年齢［平均年齢 41.8 歳］	20—29 歳	9	23
	30—39 歳	10	25
	40—49 歳	11	28
	50—59 歳	6	15
	60—69 歳	4	10
宗教および民族	イスラームかつジャワ人	40	100
職業	従業員（工場勤務等）	9	23
	商人	8	20
	主婦	5	13
	その他	18	45
教育	小学校	4	10
	中学校	5	13
	高等学校／高等専門学校	21	53
	短期大学	5	13
	大学かそれ以上	5	13
最後に行商婦人のジャムウを飲用したのはいつか	5 年以上前	17	43
	3 年以上 5 年未満	1	3
	1 年以上 3 年未満	15	38
	6 ヶ月以上 1 年未満	4	10
	今まで飲んだことがない	3	8
行商婦人のジャムウを飲用しない理由（複数回答）	行商婦人に会わない	16	-
	ジャムウが好きではない	10	-
	健康だから、必要ない	6	-
	その他	11	-
行商婦人のジャムウについて肯定的な意見の有無	ある	32	80
	ない	8	20
（内訳）N=32（複数回答）	健康、身体に良い	16	-
	材料が自然で、添加物が入っていない	10	-
	ジャムウは良い、好きである	8	-
	その他	20	-
ジャムウの課題点等、否定的な意見の有無	ある	4	10
	ない	36	90
（内訳）N=4	清潔でない	2	-
	苦い／味が好きでない 1、行商婦人に会わない 1	各 1	-
行商婦人のジャムウは必要か	必要である	19	48
	必要でない	21	53
他のジャムウまたは薬用植物を飲用しているか	飲用している	16	40
	飲用していない	24	60

五　ジャムウ行商婦人のゆくえ

1　政府のジャムウの取り組み

これまで村のジャムウ行商婦人や顧客のジャムウの利用という民間のジャムウの事例を紹介してきた。本節は政府の取り組みやジャムウ産業、現代の新しいジャムウの形態について広く紹介し、ジャムウ行商婦人の今後のゆくえについてまとめる。

政府はジャムウの活用に積極的な姿勢を取っている。二〇二〇年COVID-19が流行し始め、治療薬やワクチンが開発されていない時期、大統領や保健省の薬用植物・伝統薬の研究機関では、国民へCOVID-19の予防のために、免疫力維持または高める効果のあるジャムウや薬用植物の利用を勧めた時期もあった［e.g.CNN Indonesia 2020; Unit Pelaksana Fungsional Hortus Medicus Tawangmangu 2020］。消費者の需要も高まり、実際ジャムウの関連商品が品薄となった。

ジャムウを含む薬用植物の研究や開発には、保健省、農業省、環境林業省、国家開発企画庁、医薬品食品監督庁などさまざまな政府機関で行われている［Elfahmi *et al.* 2014: 53］。また大学の研究機関や民間企業も研究や商品の開発を進めている。この背景の一つに、国民医療保険の医療費の増大が課題で、政府は疾病予防のため、ジャムウを含む薬用植物の利用を、公的医療保健サービスへ導入しようとしている［Kementerian Kesehatan RI 2011: v］。また経済的側面から、ジャムウをはじめとする薬用植物の医薬品や化粧品、食品などへの成長が期待されている。

しかし、Elfahmiの研究によると、ジャムウを含む薬用植物には課題があり、それは科学的研究の不足や一定の品質保持、安全性の保証等である［Elfahmi *et al.* 2014: 53, 56, 67-68］。例えば、行商婦人のジャムウ飲料から複数の細菌が検出された研究や［Limyati and Juniar 1998: 207］、ジャムウ製品の中に近代医療の薬が混入していた事例もある［BPOM

2023]。そこで国立医薬品食品監督庁が監督し、伝統医療の研究・開発と実践の目的で国内の数箇所に研究所を設けられた。中部ジャワ州の薬草産地には国立薬用植物・伝統薬研究開発所（*Balai Besar Penelitian dan Pengembangan Tanaman Obat dan Obat Tradisional*: B2P2TOOT略）がある。ここでは一九四八年からクリニック兼薬草園が開かれ、クリニックは薬用植物に関する研修を受けた医師が診察し、薬用植物のみ調合した処方で患者に医療サービスを提供している［Badan Penelitian dan Pengembangan Kesehatan B2P2TOOT n.d.］。このクリニックは、山間部にあり交通の便が悪いが、近隣県の患者だけでなく数時間かけて自家用車で診察に来る患者や家族もいる。また、研究所のある県内の市街地に近い保健センターでは、研修を受けた医師が患者の希望に応じて、研究所で調合されたジャムウ製品を処方することができる。しかし、実際、保健センターでは近代医療の薬を希望する者が多いそうだ。その要因の一つとして、医師は「まだ公的医療保険制度に導入されていないから、研究所のジャムウ製品の価格が（近代医療の）薬より高い」と語った。ちなみに研究所のジャムウの製品は一袋三万ルピア（約二五二円）であった（二〇一六年二月時点）。

ジャムウを含む伝統医療・薬用植物に関する政策・法律について、政策は「伝統医療国家政策二〇〇七」（*Kebijakan Obat Tradisional Nasional* 2007: KOTRANAS 2007略）がある。法律はインドネシア共和国法二〇〇九年ナンバー三六（*Undang—Undang Nomor 36 Tahun 2009 tentang Kesehatan*）の保健分野に記載されている。第一節3項に記載したように、図3左側の図の保健省、州の保健局、市または県の保健局、保健センターには、それぞれ薬用植物・伝統医療の部署が設置されている［Kementerian Kesehatan RI 2022: 31-32, 51］。スコハルジョ県保健局では、大・中小規模の伝統薬製造会社、伝統的治療師などの数を把握し、定期的に訪問し、適切に実施されているか監督・モニタリングを行っていた。

ジャワ島ではないが、筆者が青年海外協力隊の時、南スラウェッシ州のある保健センターで積極的に薬用植物・伝統医療のサービスを提供していた事例を紹介する。S県の保健センターでは、他の保健センターと同様に医師による近代医療の診察が受けられるが、さらに薬用植物を処方しマッサージ療法を受けることができる。患者は、医師の診察を受け、医師は近代医療または、薬用植物の処方やマッサージ療法が必要か否か患者を振り分けていた。この医師はジャカルタで薬用植物とマッサージ療法の研修を受けていた。また保健センターの敷地内には、この地域で育つ薬用植物を植えており、担当者が患者に説明しながら提供することもあった。医師同様、薬用植物やマッサージ療法の担当者もジャカルタで研修を受けていた。国内の総合病院でも、一定の研修を受けた近代医療の医師が薬用植物を処方している。また、政府は国民に庭先や畑等空いた土地に薬用植物を植え、軽症の時等育てた薬用植物を利用することも勧めている［杉野　二〇一九：二〇七―二〇八］。

さらに政府は、ジャムウを保健・医療の側面から活用するだけでなく、インドネシアの固有のものという意識の普及、政治的活用といった社会的側面に加え、伝統文化の一つとして継承し、観光目的も含め多岐にわたって活用している。最近、二〇二三年、ジャムウはユネスコ（国連教育科学文化機関）の無形文化遺産に登録され［UNESCO 2023］、今後、ますます注目されるであろう。

2　既製品のジャムウ

ジャムウを含む伝統薬産業は、COVID-19以前から、毎年成長率が一〇％で一五〇〇万人の雇用を生み出し、今後のさらなる発展が期待されていた［Kementerian Perindustrian RI 2017］。しかし、近年いくつかの課題がある。既製品のジャムウ（以下、既製品）を製造する伝統薬産業では、一九八〇年以降、小規模なジャムウの生産から近代的で大規模な生産へと発展してきた［Beers 2001: 157］。現在、商品登録された既製品は、国内の薬局やドラッグストア、一部コンビニエンスストアで販売されている。既製品の包装を見ると表13のようなマークがある。これに見られるように、有効性や安全性、品質など根拠と標準化の観点で、伝統薬を三つに分類している［BPOM 2005］。まず、「一、ジャムウ（*Jamu*）」が経験則に基づくインドネシアの伝統薬を指し、続いて「二、オバット・トラディショナル・トゥル

表 13　既製品のジャムウの分類

名称	1. ジャムウ (*Jamu*)	2. オバット・トラディショナル・トゥルスタンダル (*Obat Tradisional Terstandar*)	3. フィトファルマカ (*Fitofarmaka*)
説明	インドネシアの伝統薬	標準的な伝統薬	植物療法
	経験則に基づくインドネシアの伝統薬	臨床前実験により安全性や有効性が科学的に証明され、原材料が標準化されている	臨床前実験や臨床実験によって科学的に安全性と有効性が証明され、原材料と製品が標準化されている
ロゴ	JAMU	OBAT HERBAL TERSTANDAR	FITOFARMAKA

BPOM (Badan Pengawas Obat dan Makanan) Republic Indonesia 2005 を元に筆者作成

スタンダル（*Obat Tradisional Terstandar*）」が標準的な伝統薬を指し、臨床前実験により安全性や有効性が科学的に証明された天然成分から作られ、原材料が標準化されている。最後に、「三、フィトファルマカ（*Fitofarmaka*）」が臨床実験に基づく植物療法を指し、臨床前実験や臨床実験によって科学的に安全性と有効性が証明され、原材料と製品が標準化されている。政府は民間企業へ一から二、二から三へと製品の向上を促している。さらに、化粧品や食品を含む伝統医療産業の製造過程において、安全性や品質保持、有効性の側面から、適切な伝統薬の製造方法（*Cara Pembuatan Obat Tradisional yang Baik*: CPOTB）という規制がある［Elfahmi *et al.* 2014: 56］。

既製品を製造している民間の伝統薬製造会社は、一二四七ある［Kementerian Perindustrian RI 2018］。この内、大規模な伝統薬製造会社（IOT）が一二九施設、残りが中規模の伝統薬製造会社（*Usaha Menengah Obat Tradisional*: UMOT）と小規模の伝統薬製造会社（*Usaha Kecil Obat Tradisional*: UKOT）である［Kementerian Perindustrian RI 2018］。大規模な伝統薬製造会社の中でシド・ムンチュル（Sido Muncul）社は主要なジャムウ製造会社の一つである［Elfahmi *et al.* 2014: 54］。この会社は知名度の高い商品が複数あり、代表的なものは「*Tolak Angin Cair*」で、薬局やドラッグストア、スーパーマーケット、個人商店等幅広く販売されている（写真9：中央の上）。商品の種類も多く、一般的な症状、子ども向け、女性特有の健康、男性特有の健康、関節痛など高齢者向け等、さらに形状も液体やカプセル、粉末、植物オイル等多岐にわたっている。

筆者は以前、スマラン市の会社兼工場を訪問したが、工場は衛生面に配慮された近代的な設備であった。商品は国内だけでなく、マレーシアやシンガポールなど近隣諸国をはじめ、オーストラリア、韓国、サウジアラビア、その他複数国へ輸出している［Sido Muncul 2023］。上記の会社のように近代化に合わせて、工場を整備し、現代の消費者のニーズに合わせて成長しているところもある。一方で、閉鎖を余儀なくされた企業もある。多くのジャムウ製造会社は中小企業であり、政府が示す適正基準の規制に、設備投資や環境整備など追いつかない実態がある。ジャムウを含む伝統薬産業の課題は、近代医療の医薬品と競合しなければならないこと、消費者の嗜好や生活様式の変化に合わせる必要があること、原材料の不足、政府による支援不足、銀行など融資のアクセスの問題、デジタル化された工場管理下で利用できる薬用植物が制限されていること、人材の資質等である［Irawan *et al.* 2022: 2］。Irawan らによると、近代医療の医薬品に競合できるよう、適正な伝統薬の製造方法（CPOTB）を守りながら標準化し、顧客の嗜好にすばやく対応することが長期的な利益や経営維持につながると述べている。また、伝統医療の公的な需要が少ないことが、企業側の製品の値上げやそれに伴う消費の減少につながるため、公的医療保険サービスへの導入も急がれる［Irawan *et al.* 2022: 6］。複数の課題を解決し、現代社会に合った形で製品化されることで、経済的利益や新規雇用、そして自国の伝統薬として次世代に知識や経験が引き継がれていくことが期待される。

3　現代のジャムウ

インドネシアの近代化とともに、消費者の需要や生活様式が変わり、ジャムウも少なからず現代に合う形に変化し続けている。ここで比較的新しいジャムウの販売形態を紹介する。まず、ジャムウカフェである。ジャカルタやジョグジャカルタ市、中部ジャワの街、バリ島では、おしゃれなカフェでジャムウを提供している所がある。ジャカルタにあるジャムウカフェではジャムウが看板メニューとなり、一般的な飲み物や軽食もある。内装は若者が好みそうなもので、よく見るとジャムウや行商婦人に関係する物や絵がおしゃれに飾られていた。メニューにはさまざまな種類のジャムウとその効能、一部材料が書かれ、客はジャムウについてあまり詳しくなくても、目的や嗜好に合うジャムウを選ぶことができる。ジャムウの価格は、種類によって異なるが、一杯一万五〇〇〇—三万ルピア（約三九—五四円）（約一一六—二三二円）であり、行商婦人のジャムウがジャカルタでは一杯五〇〇〇—七〇〇〇ルピアで売られているものと比較すると三—六倍近く高い（二〇一八年一一月時点）。その代わり快適な空間で椅子に座って、ジャムウを飲み食事を摂ることができる。筆者がこのカフェを訪れた時、若者たちが雑談をし、女性が一人パソコンで作業しながら過ごしていた。また、ジャカルタ中心部のショッピングモール内にあるジャムウカフェでは、ジャムウが上品なグラスに注がれ、飲料の中に柑橘の果汁が多く含まれていた。ジャムウの味が苦手な人にも、飲みやすい工夫がされていた。筆者も初めてジャムウを飲んだ時、味に慣れておらずおいしいと思えなかったが、いろいろなジャムウを飲み回数を重ねるとジャムウの味に慣れ、味の違いに気づくことができた。もし、読者の中でジャムウを初めて飲む人や味が苦手かもしれないと思う場合、このようなジャムウカフェから試してみるとよい。あまりジャムウになじみがない若者や他国出身者は、ジャムウカフェを利用することで、ジャムウを知って興味を持ち、インドネシアの伝統医療や薬用植物に関心を持つきっかけになるかもしれない。もう少し手頃なジャムウは、スーパーマーケットで売られている。例えば、飲料水等の売り場で、瓶やボトルの包装がおしゃれにデザインされた液体のジャムウがある。清潔感があり手に取りやすい。

もし若者や他国出身者が、ジャムウを自分で作ってみたいと思った時、ジャムウのワークショップに参加するこ

写真 22　ジャカルタのジャムウカフェ（2018 年）

写真 23　スーパーマーケットの飲料売り場のジャムウ（2019 年）

写真 24　バリ島のジャムウのワークショップ。ジャムウ飲料以外に、美容目的のボディスクラブや植物オイルも作ることができる（2013 年）

とができる。ワークショップは、ジャカルタのジャムウカフェやバリ島のハーブ店で体験することができる。筆者がジャムウに親しみを持つきっかけになったのも、ジャムウ作りのワークショップであった。実際、薬草やジャムウに詳しい講師やスタッフからジャムウの一般的な知識や、材料、作り方を見聞きすることができる。ワークショップは、地元の子ども向けや婦人向けの文化体験、生涯学習、そして観光客向けなどがある。

4　ジャムウ行商婦人の変化

二〇年間のジャムウ行商婦人の変化について聞き取り調査と、先行研究を踏まえて行商婦人の今後のゆくえについてまとめた。二〇年以上ジャムウに従事している（していた）元ジャムウ行商婦人や現役ジャムウ行商婦人、ジャムウ組合の代表の聞き取りから、過去二〇年間の行商婦人のジャムウの変化について、自由記述のインタビューを行った（表14）。対象者は、V村在住の元ジャムウ行商婦人二名と、ベテラン現役ジャムウ行商婦人一名、スコハルジョ県ジャムウ組合の代表L氏である。調査期間は二〇一九年七―八月で、行商婦人G氏の顧客と近隣住民から元ジャムウ行商婦人を抽出し、同地区に住居があり家族の行事で帰省していた出稼ぎ現役ジャムウ行商婦人を選出した。また、ジャムウ行商婦人の変化を当事者以外の視点から意見を聞くため、ジャムウ組合の代表を、県保健局の薬用植物・伝統医療担当者から紹介してもらい対象に加えた。ジャムウ組合は有志のジャムウ行商婦人が加入し、行商婦人や中小規模の伝統薬（ジャムウ）製造会社への相談や、保健局や産業局等と協力しジャムウ製品の監督、研修会の講師等指導を行っている。

元ジャムウ行商婦人や現役ジャムウ行商婦人は個別の意見で、組合の代表は包括的な意見であった。組合の代表以外は、首都や街の出稼ぎ行商婦人で、対象者のうち一名は断続的であるが、全員が長年ジャムウに携わっていた。行商婦人のジャムウのうち、二〇年間で変化したと二名以上の行商婦人が答えた項目は、ジャムウの販売価格と材料の運搬方法であった。彼女らは二〇年間でジャムウの価格を値上げし、材料の運搬方法は、以前スコハルジョ県で仕入れたものを自分で（長距離バス等）出稼ぎ地域まで運んでいたが、近年輸送業者に任せ郵送していた。その他、行商婦人の個別の意見では、材料やその調達方法、顧客の状況、行商方法に変化があった。ジャムウ組合の代表の包括的な意見では、変化したものが、以前行商婦人は定番のジャムウしか販売していなかったが、近年独自のジャムウが出始めたこと、インターネットを利用した販売方法、ジャムウ作りの道具であった。一方、二〇年間行商婦人のジャムウが変わらないものは、行商婦人全員が「提供するジャムウ飲料そのものは変わらない」と答え、組合代表も「多くは変わっていない」と回答した。過去二〇年間の行商婦人のジャムウの変容についてまとめると、変化しているものは社会の変化に伴った外的な側面であった。物価の高騰によるジャムウの価格の上昇や、近代化に

表 14　20 年間のジャムウ行商婦人の変化

	元ジャムウ行商婦人 I 氏	元ジャムウ行商婦人 J 氏	現役ジャムウ行商婦人 K 氏	スコハルジョ県ジャムウ組合代表 L 氏
年齢	70 歳代	50 歳代	50 歳代	60–70 歳代
販売地域	ジャカルタ	スラバヤ	ジャカルタ	活動：スコハルジョ県
行商年数	18 年 行商 1960 年に 1 年、1975 年に 1 年、1996–2012 年 16 年	39 年 第一子が生まれてから開始。1977–2016 年まで	35 年（現在も）	活動 24 年（現在も）1995 年から組合の代表。夫の死後、役職を引き継いだ
〈過去 20 年間で変化したもの〉				
材料やジャムウ飲料	販売当初、材料は農家の畑から直接入手していた。近年、市場で購入	—	—	以前は、定番のジャムウのみ販売されていた。近年、独自のジャムウがある
顧客	—	—	昔に比べて、顧客が多い	—
材料の運搬方法	材料をスコハルジョ県で買う。以前は、自分でジャカルタ行きのバスに積み運んでいた。近年は郵送していた	—	材料をスコハルジョ県で買う。以前は、自分でジャカルタ行きのバスに積み運んでいた。近年は郵送していた	—
ジャムウ飲料の販売価格	販売当初ジャムウ 1 グラス =Rp50 近年 1 グラス =Rp5,000 （販売当初：米 1kg=Rp 240、2019 年：米 1kg=Rp10,000）	ジャムウ 1 グラス =Rp200 近年 1 グラス = Rp2,000	販売当初ジャムウ 1 グラス =Rp50 近年 1 グラス = Rp4,000	—
行商手段	—	当初 7 年間ジャムウの入った瓶を籠に背負い販売。その後、押し車使用	—	以前は市場や行商。現在、インターネットを利用する者もいる
ジャムウ作りの道具	—	—	—	昔、石臼と杵、石板と石棒。現在、ミキサーの使用が多い
〈過去 20 年間で変わらないもの〉				
	ジャムウの作り方やレシピ（個人差があり、一般論はわからない）	基本的に、あまり変わらない	販売するジャムウの中身は同じ	多くは変わっていない

2019 年 7-8 月時点のものである

よる材料運搬方法やジャムウ飲料の調理器具の変化である。この調査は対象者が少なく、勤続年数の長い行商婦人に限定したため、若手や中堅の行商婦人の販売状況や意見と異なる可能性がある。これは今後の筆者の研究課題とする。次の考察では、筆者が調査中に出会った若手や中堅の行商婦人の状況や意見も織り交ぜながら行う。

5　ジャムウ行商婦人のゆくえ

ジャムウ行商婦人の今後のゆくえについて、Beersの研究によると、行商婦人の仕事は教育を受けることが難しかった旧世代の女性の貴重な職業であったが、彼女らの子どもの世代は教育水準が上がり他の職業を選ぶことができる。また、近年ジャムウの既製品が多量に販売され、行商婦人の顧客が減り、行商婦人の仕事が減少するだろうと述べている［Beers 2001: 130］。実際、彼女たちの仕事は一般的に一人で販売ごとにジャムウを手作りし、重量のある飲料を運ぶため体力が必要である。さらに手作りのため販売量も限られている。一部の地元の市場で販売する者を除き、これまで彼女らは自身の販売地域を決め行商する形態を取ってきた。これは初期投資が少なく新規で仕事を始めやすい利点がある。自宅の台所でジャムウを作り、道具や材料を準備し、家庭の状況に合わせて移動手段を選択できる［Torri 2012: 36］。露店販売の場合、自宅が人通りの少ない場所であれば新たに場所を構え家賃等も発生し、必要であれば人を雇うこともある。地元の市場で販売する者の中には親族内でジャムウの製造と販売を分担する者、卸売りをする者は配達など配偶者と協力し、人を雇い作業工程の一部を任せる者もいる。行商の場合、G氏のように自身の家庭の状況、顧客や地域の人々の生活や授乳期の女性顧客等ライフステージに合わせて、仕事の時間帯や販売経路を調整することができる。行商は一日に提供できるジャムウの量が限られているが、時間を決め販売に集中することもできる。また、顧客にとっての利点は、自宅に居ながら定期的に新鮮なジャムウを飲むことができ、家事や育児に忙しい女性顧客に都合が良い。そして日常的に行商婦人と交流することができ、地域に密着している。

Torriは複数のジャムウ行商婦人へ彼女らの仕事について聞き取りを行い、行商婦人らから「家計の収入が増えた、行商で社会とつながり社会的信頼を得た」という肯定的な意見があり、結果的に彼女たちのやりがいや自信につながっていた［Torri 2012: 41-42］。一方、彼女たちの中には収入が増えてもお金を自由に管理できない者もおり、必ずしも幸福度や地位の向上につながるとは限らなかった［Torri 2012: 42］。彼女たちの仕事は女性の親族間で代々受け継がれてきたが、先ほどBeersが述べたように、子どもたちの教育水準が上がり職業選択の幅が広がると、行商婦人の仕事を選択しない可能性もある。しかし、G氏のように販売員や工場で働いた後、個人で仕事を希望する者や、結婚後子育てと両立するため行商婦人の仕事を選ぶ場合もある［Torri 2012: 37］。そしてジャムウ組合の代表によると、近年行商婦人の販売形態が従来の対面販売だけでなく、携帯電話による注文やインターネット上の販売等の変化が起こっている。筆者は調査地の市場で二〇―三〇歳代の行商婦人に話を聞いてみたところ、携帯電話やソーシャルネットワーキングサービス（SNS）を利用し、顧客から注文を受けていた。上記のような販売形態を一部活用することで、彼女たちの仕事量の軽減や効率化につながり、このような販売形態を好む顧客を新たに獲得できる可能性もある。一方で、従来の対面販売は、顧客が行商婦人らと雑談や簡単な相談等日常的な交流ができる良さがあり、それらが一部失われる可能性もある。近代化により行商婦人の環境は少しずつ変化している。例えば、根茎類をすり潰す道具が石臼と杵（または石板と石棒）から電気ミキサーに変わり、行商手段も徒歩から自転車やバイクを利用する者が出てきた。時代の流れにうまく合わせることも、行商を継続させるコツと言える。

また、行商婦人のジャムウは近年ますます安全性や品質が問われている。その中で顧客に好まれ選ばれるためには、行商婦人のジャムウの知識や技術を更新し、政府や民間企業、ジャムウ組合が協力し研修会を定期的に開催する必要がある。併せて、行商婦人が安全で品質のよいジャムウを提供しているかモニタリングも必要である。これまでジャムウ行商婦人は、手作りのジャムウを自分の決めた販売地域で行商または市場で販売していた。しかし、そこから発展し、高等教育を受けて、伝統薬や薬用植物を利用したジャムウの良さに気づいた女性たちが、ジャムウカフェを開き、ジャムウのワークショップを行い、現代のジャムウを普及させている。このような女性たちも、新しい姿のジャムウ行商婦人と言える。

行商婦人やそのジャムウは、現代も人々から支持され必要とされている。行商婦人とそのジャムウの強みは、新鮮で作りたてのジャムウ飲料や、同じ地域社会の顔見知りの行商婦人が作る安心感、女性顧客にとって年齢や各ライフステージに合ったジャムウを経験豊富な同性の行商婦人と交流しながら手軽に入手できることである［Sugino *et al.* 2022: 63］。このような強みは、二〇年間ジャムウ行商婦人として従事していた者や組合の代表の聞き取りからも、あまり変化していない部分であった。また、女性特有の健康への対応は、各家庭で母など女性の親族から情報を得て学ぶことが多く、ジャムウのような地域の社会的・文化的な健康習慣を取り入れることが多い［ヘルマン二〇一八：六、一六四］。筆者は今後、女性特有のジャムウについて、さらに調査を進める予定である。

Beersは、ジャムウ行商婦人の顧客が減少していると述べたが［Beers 2001: 130］、V村では母と子どもが一緒にジャムウを飲み、夕方外で遊んでいる小学生もジャムウを飲んでいた。このことから、農村部では顧客の生活圏内に行商婦人が身近に存在する限り、人々が行商婦人のジャムウを飲む健康習慣がしばらく続くであろう。一方、都市部で聞き取り調査を行ったTorriは、さまざまな年齢や社会的階層の者が行商婦人のジャムウを支持していたと述べている［Torri 2013: 36］。また、高齢化が少しずつ進んでいるインドネシアで、今後、行商婦人らが作る高齢者向けのジャムウが注目される可能性がある。行商婦人やそのジャムウは時代の流れの中で一部変化しながらも、彼女たちが自分たちの仕事の強みを活かし、新鮮で安全なジャムウを提供することで顧客から必要とされ続けるのである。

コラム　ジャムウ体験

1　台所でジャムウ作り

自宅でジャムウを作れるよう、筆者のオリジナルレシピを紹介する。いずれも日本で食材などとして流通しているもので作ることができる。読者はジャムウ行商婦人のレシピが知りたいと思うかもしれないが、行商婦人の企業秘密であるためご理解いただきたい。ここで紹介するものは、ジャムウの中で定番かつ女性に人気のクニ・アスムである。クニ・アスムは、初経を迎えた以降、主に思春期の女性に人気で、行商婦人G氏の効果・効能の言葉を借りると、生理痛緩和、にきび改善、便秘改善である（表1）。日本の女性読者にも生理痛緩和におすすめの飲料である。ただし、効果・効能を保証するものではないため、症状が重い場合は、まず医療機関の受診を勧める。また、体質等により合わない人がいるので、自己責任で飲用をお願いする。

材料を表15に示す。材料を準備する前に、表に記載した材料の量や備考、注意をしっかり読んでいただきたい。材料の中には入手しにくいものもあるが、東南アジアの輸入食品店やイスラーム教徒が食べることのできるハラール食品店で購入することをお勧めする。薬用植物は身体にとって有益な効果が得られるという研究もあるが、過度な摂取はかえって健康を害する。ウコンやショウガの材料は根茎の固形を使用し、シナモンは粉末ではなくスティック状のものを使用していただきたい。材料は、消費期限内の新鮮なものを使用し、セイロンシトロネラは、日本の園芸で育てられているレモングラスが似ているが、香りの強さが異なるため、輸入品の使用をお勧めする。

作り方は以下の通りである。

一、材料をはかる。ウコンを扱う場合は、手や調理器具が黄色く染まるため、気になる方はビニール手袋等使用するとよい。ウコンを洗い少し皮をむく（一部皮は残っていてもよい）。石臼で潰す作業になるが、家庭ではすり鉢とすりこぎの組み合わせで代用できると考える（筆者はインドネシアから持ち帰った石臼と石棒を使用している）。ショウガも皮をむきウコンと一緒にすり潰す。この時、部屋に薬草の香りがするであろう。ポイントは根茎類をしっかりすり潰すことである。タマリンドやパンダンリーフ（ニオイタコノキ）、シナモン、セイロンシトロネラ、ライムの葉を洗う。

二、鍋に水、ウコン、ショウガ、パンダンリーフ、セイロンシトロネラ、シナモン、ライムの葉を入れ、弱火で焦げないように時々混ぜる。混ぜることにより、材料から味や香りが出やすくなる。火にかけて約二分後、少量の水と一緒に溶いたタマリンドを入れる。この時、タマリンドをしっかり溶かすことで味が出て、旨味が増す。

三、沸騰したら、サトウヤシと塩を少々入れる。サトウヤシは味見をしながら好みで調整する。

四、読者が飲みやすい味になったと思えば、笊の上に清潔な綿の濾し布を敷き二回濾す。濾された液体だけを飲む。

［注］あくまでも筆者のオリジナルレシピであり、一日一回一杯（一〇〇ミリリットル）、回数や一回飲用量を守ってほしい。病院や薬局など医薬品や漢方薬、他の薬草飲料、アルコール飲料等と同時に飲むことは控えてほしい。妊娠中も控えてほしい。本書では責任は一切負いかねない。

2　インドネシアでジャムウ体験

読者がインドネシアでジャムウを体験したいと思ったら、以下の場所を訪れると一部を体験できるだろう。

備考	注意
・禁忌：胆石痛や胆管が損傷した者 ・アキウコン（*Curcuma longa L.*）も使用可能だが、苦いものもあり、味が落ちる。東南アジア産の輸入ウコンを勧める（しかし、筆者の経験談だが、石垣産のおそらくアキウコンはおいしいジャムウができた） ・粉末を使用すると、摂取量が多くなるため、根茎の固体を使用すること	固体をすべて使うのではなく、すりつぶして濾した液体以外は使用しない
・禁忌：ピーナッツアレルギー ・ペーストを、少量の水に溶かして使用	
・ショウガを加えると、味に深みが出る ・摂取量の関係から、粉末やチューブではなく、根茎の固形を使用することを勧める	ウコン同様、すりつぶして濾した液体以外は飲用しない
・入手困難なら、他の甘味料で代用可 ・好みで量を調整可能だが、摂りすぎに注意	
・塩を少し加えると、味をひきしめる	
・粉末では摂取量が多くなるため、スティックの樹皮を使用。摂りすぎは肝機能障害を引き起こすことあり	風味や味付けに使用するため、記載の量はスティック使用に限る
・香りづけに使用。なくてもよい	
・イネ科アレルギーの者は控える ・日本で栽培されているレモングラス（*Cymbopogon citratus* Stapf）と似ているが、セイロンシトロネラのほうが香りが強い。輸入品を入手することができる	
・香りづけに使用	

写真25　クニ・アスムの材料、一例。石臼にすりつぶしたウコンがある。この時は、トウシキミ（別名:スターアニス、*Illicium verum* Hook. f.）も使用している［由田　2005: 80］（2016年）

コラム　ジャムウ体験

表15　クニ・アスムの材料

材料	学名	グラス1杯／1人分
☆ウコン	*Curcuma domestica* Val.	16 g 粉末ではなく、根茎の固体そのものの量である
☆タマリンド	*Tamarindus indica* L.	6 g
☆飲料水	-	300ml
ショウガ	*Zingiber officinale* R.	0.5片
サトウヤシ	*Arenga pinnata* Merr.	目安5 g (好みで調整)
塩		少々（0.5g）
シナモン	*Cinnamomum verum* J.Presl	3 cm 粉末ではなくスティックの樹皮を使用
パンダンリーフ	*Pandanus amaryllifolius* Roxb.	葉　3-5 cm
セイロンシトロネラ	*Cymbopogon nardus* L. Rendle	東南アジアのレモングラスで、茎の部分、約5 cm
ライム	*Citrus aurantifolia* Swingle	葉　1枚

☆の材料は必ず使用する

【注意点】

・効果・効能を保証するものではない
・体質等合わない人もおり、個人により異なる
・異常を感じたら中止する
・妊娠中は控える
・近代医療の薬や漢方薬と併用することは控える
・自己責任で飲用し、筆者は責任を取らない

［Kementerian Kesehatan RI 2011, Tilaar *et al.* 2010, 由田 2005］参照

〈世界遺産の仏教遺跡であるボロブドゥール遺跡〉（中部ジャワ）
ジャムウに関係する壁画を見ることができる。特に早朝がおすすめである。

〈ジャムウカフェ〉（ジャカルタ）
ジャムウカフェは、若者や他国出身の女性にも人気である。初めてジャムウを飲む人におすすめである。

〈市場でジャムウや薬草探し〉（ジョグジャカルタ市またはスラカルタ市）
ジョグジャカルタ市ではブリンハルジョ市場一階の奥のフロアに薬草が売られている。もし読者が訪れて場所がわからない場合、市場関係者に聞いてみよう。乾燥された薬草や煎剤用のジャムウがある。市場は午前中賑わっているため、その頃に訪れるとジャムウ行商婦人に会えるかもしれない。スラカルタ市ではグデ市場に薬草が売られている。

〈薬草店〉（スラカルタ市）
筆者お勧めの飲み物はウェダン・ウー（*Wedang Uwuh*）、意味はジャワ語で温かい飲み物だ。ジャムウで利用する薬用植物の余りを集めたものが由来で、ジャムウの産地らしい商品である。飲みやすく味もおいしい。

写真 27　地元の薬草市場。スラカルタ市グデ（Gede）市場（2013 年）

写真 26　ボロブドゥール遺跡。早朝に訪れると、空気が澄んで写真のような風景を見ることができるかもしれない（2015 年）

写真 28　スラカルタ市にある薬草店。Jamu Akar Sari の店内の様子（2016 年）

おわりに

本書では、インドネシアの中部ジャワ州で、ジャワ人を中心に親しまれているジャムウと、それを手作りし販売する行商婦人やジャムウを日常的に飲む人々など、薬草が身近にある暮らしを紹介してきた。顧客は、行商婦人のジャムウを健康維持や、月経時や授乳期、子育て期、閉経後等女性のライフイベントサポートの目的で利用し、各世代やライフステージに合わせてジャムウの種類を変えていた。行商婦人とそのジャムウは、長い年月にわたって、近代医療や、その他の伝統医療や民間療法、さらに近代化社会の影響を受けながら、形を変えて人々のニーズに応えてきた。インドネシアの多元的ヘルスケア社会で、行商婦人のジャムウは地域の健康資源の一つとして、健康維持や女性のライフイベントサポートの分野で役割を担ってきた。このように人々の日常生活を含む広義の健康・保健・医療では、治療を中心とした近代医療以外にも、その土地で人々の生活様式や価値観、文化に寄り添い発展してきた既存の健康資源があり、それらの活用もまた必要である。そして、ジャムウ行商婦人の存在は常連客にとって、医療従事者と患者の関係とは異なり、気軽に雑談でき、必要な時に経験豊富な同性として相談し、日常の出来事を共感し合える存在でもあった。

行商婦人のジャムウを日本にあるもので例えるなら、葛根湯や生姜湯、ゆず湯、甘酒などが近いかもしれない。少し疲れた時や風邪気味な時、身体が冷えた時にこのような飲み物を飲むとホッとした記憶があるだろう。それぞれの地域の環境、気候、風土、社会、歴史、経済、伝統、文化に合った健康維持や病気への対処、手当が存在する。いつの時代のどのような場所でも、自身や家族のためにこれらは必要とされ、形を変えながらも受け継がれている。これを機に、読者の身のまわりや、国内外の昔からある健康習慣や病気への対処、手当に目を向けて見るのもよいだろう。また、薬草に触れることで、人は自然とつながり、薬草には人が本来の自分に戻れるような癒す力がある。筆者自身もそのような薬草の世界に魅了された一人として、今後とも薬草とそれに関わる人々への探求を続けていきたい。

注

（1）根茎類とは、地下茎の一種で地中を横にはい、節から芽や根を出す［寺林　二〇一四：一一二］。

（2）近代医学とは、生物医学（biomedicine）と呼ばれる近代西洋科学的医学をさし、法的に整備・組織化されている［ヘルマン　二〇一八：九六］。本書では、生物医学だけでなく、病院等施設、医師や看護師等医療専門職、治療など実践を含めた「近代医療」の用語を中心に使用する。

（3）ミニャ・ゴソ（*minyak gosok*）は、植物性オイル（ミニャ・タウォン・アスリ・ダリ・マカッサル、*Minyak Tawon Asli dari Makassar*）である。カユプテ（*Melaleuca leucadendra* L.）・ココヤシ（*Cocos nucifera* L.）・クローブ（*Syzygium aromaticum* L.）等の植物オイルからできている［Minyak Tawon 2023; 由田　二〇〇五：三二、四三、四七］。

（4）トゲバンレイシは、学名が *Annona muricata* L.、インドネシア語でシルサック（*sirsak*）と呼ばれている［由田　二〇〇五：八一、佐々木　二〇〇八：二八四］。白い果実は、ジュースとして人気がある。

（5）ヤエヤマアオキは、学名が *Morinda citrifolia* L.、インドネシア語でメンクドゥ（*Mengkudu*）、日本ではノニと聞くとイメージしやすい［由田　二〇〇五：一一〇、Tilaar *et al.* 2010: 163］。

（6）国立医薬品食品監督庁は、*Badan Pengawas Obat dan Makanan* で、BPOMと略す。

（7）複数の文献を紹介する。例えば、人口が二番目に多いスンダ人の薬用植物利用について、西ジャワ州の村落の事例［Roosita *et al.* 2008: 72］や、スマトラ島に移住したジャワ人の薬用植物の利用の特徴［吉田　二〇〇〇：三八］、バリの伝統的治療家やその周縁に関する研究［大橋　二〇一二：二〇八―二一四］がある。

（8）伝統医療（Traditional Medicine）や民間療法（Folk Medicine）は、民族医学（Ethnomedicine）で、病気についての実践と信仰を言い、民族固有の文化的発展の産物で、近代医療の概念的枠組に由来しない［Hughes 1968: 99; フォスター・アンダーソン　一九八七：一六―一七、池田　二〇〇一：二四、六六―六七］。

（9）多元的ヘルスケア社会とは、ひとつの社会に複数の医療システムが併存している状態を医療多元性と称し、さらに相互に競合、補完、排斥という動的な関係を持ちながら併存している状態のことである［Dunn 1976: 135; 佐藤　一九九九：五、松岡　二〇二〇：一九―二一］。

（10）いくつかの文献にはジャムウ行商人が提供する飲料やサービスをジャムウゲンドンと示している［Limyati and Juniar 1998: 202; Riswan and Sangat-Roemantyo 2002: 1］。しかし、本書では本来の語彙や調査地の人々の語彙の使用に準ずる。

（11）非感染性疾患とは、感染症以外の疾患を指し、遺伝、心因性、環境、行動の要因を含む慢性の疾患である。主な種類は、心血管系疾患（心臓発作や脳卒中等）や、がん、慢性呼吸器疾患（慢性閉塞性肺疾患や喘息等）、糖尿病などである［WHO 2022］。

（12）補完代替療法は、現代西洋医学（本書では近代医療）以外の医療や療法を指す［今西　二〇〇九：一二］。CAMの治療家は、鍼治療、ホメオパシー、カイロプロティック、整骨、薬草（漢方）、自然療法、スピリチュアルヒーリング、催眠療法、マッサージ療法とさまざまな形がある［ヘルマン　二〇一八：九三］。

（13）Jans Kloppenburg-Versteeghは、中部ジャワ州スマラン市近郊のコーヒープランテーションを管理する家庭に育ち、母親から薬用植物やその手当について学んだ。彼女の母親はプランテーションで働く人々やその周辺の人々の健康管理をおこなっていた。Jans Kloppenburg-Versteeghも地域の人々に薬用植物利用の助言をし、結婚後、地域の保健センター長になり患者の手当てをおこなった［Beers 2001: 16］。

（14）筆者は調査地に滞在中、同地域に他のジャムウ行商婦人の存在を見聞きした。しかし、G氏や周囲の人々と関係を築くことに時間が必要で、同じ地域の二人以上の行商婦人に参与観察とそれぞれの顧客に聞き取り調査を行うことは論理的に不可能と考えた。また同業者の複数人を対象とすると、ライバルに情報が漏れることを懸念することも考慮し、G氏とその顧客を対象とした。

（15）聞き取り調査は、インドネシア語を用いて、一部でジャワ語を用いた。六〇歳以上の高齢者でインドネシア語を少ししか話せない対象者には、中学生―二〇歳代の対象者の家族が一人または二人同席し、筆者と対象者の間に入って、インドネシア語とジャワ語の通訳をしてくれた。

（16）GPSとは、Global Positioning Systemの略である。

（17）世帯人数は家族カード（*Kartu Keluauga*）の世帯員の数である

（18）健康増進とは、積極的に健康を確保することである［高橋・西　二〇一四：一〇］。

（19）疾病予防とは、疾病発生の予防である［高橋・西　二〇一四：七］。

（20）女性のライフイベントとは、女性のライフステージごとにおこる特徴や変化であり、初潮、月経、妊娠、出産、育児（授

乳期含む）、更年期など身体的・心理的特徴や変化、結婚など社会的変化がある［久米・飯島　二〇〇七：序文五―六］

（21）　調査期間は二〇一九年八月―九月で、一人あたり三〇分程、質問票と自由回答形式で聞き取りを行った。

参考文献

池田光穂
　二〇〇一　『実践の医療人類学―中央アメリカ・ヘルスケアシステムにおける医療の地政学的展開』京都：世界思想社
今西二郎
　二〇〇九　『医療従事者のための補完・代替医療』京都：金芳堂
大橋亜由美
　二〇一二　「バリにおける呪術的世界の周縁」『呪術の人類学』白川千尋・川田牧人編、京都：人文書院、二〇七―二三一頁
小國和子
　二〇一九　「インドネシアの女性中学生にみる月経対処／管理実態と「正しい知識」―学校教育とイスラーム規範に着目して」『国際開発研究』二八（二）：五一―六五頁
小野直哉
　二〇〇九　「補完・代替医療と医療経済」『医療従事者のための補完・代替医療』今西二郎編、京都：金芳堂、四一―五五頁
外務省
　二〇二三　「インドネシア共和国基礎データ」〈https://www.mofa.go.jp/mofaj/area/indonesia/data.html〉（二〇二三年二月一六日）
亀山恵理子
　二〇二二　「コロナ禍におけるインドネシアの観光と政府の施策」『地域創造学研究』七一―九三
木村佳代
　二〇一〇　「ジャワのガムラン音楽」『インドネシア芸能への招待―音楽・舞踊・演劇の世界』皆川厚一編、東京堂出版、五五―八〇頁
京都大学東南アジア研究センター
　一九九七　『事典東南アジア―風土・生態・環境』東京：弘文堂
久米美代子・飯島治之

二〇〇七『ウーマンズヘルス―女性のライフステージとヘルスケア』東京：医歯薬出版

経済産業省
二〇二一「インドネシア編―医療国際展開カントリーレポート新興国等のヘルスケア市場環境に関する基本情報」〈countryreport_Indonesia.pdf（meti.go.jp）〉（二〇二三年五月七日）

佐々木重次
二〇〇八『最新インドネシア語小辞典　第一・三版』埼玉県：Grup Sanggar

佐藤純一
一九九九「医学」『医療社会学を学ぶ人のために』遠藤雄三・黒田浩一郎編、京都：世界思想社、二一―二一頁

杉野好美
二〇一九「フィールド便り―都会の一角に小さな薬草園」『アジア・アフリカ地域研究』一八（二）：二〇六―二〇九頁〈https://doi.org/10.14956/asafas.18.201〉

鈴木庄亮
一九八四「スンダ農民の水利用と水質」『インドネシア人類生態学調査集成』鈴木庄亮・五十嵐忠孝編著、東京：日産化学振興財団、三二一―三七頁

高橋茂樹・西基
二〇一四『Step 公衆衛生』横浜：海馬書房

高橋澄子
一九八四「インドネシアのジャムゥ大系とアーユル・ヴェーダ」『アーユルヴェーダ研究』一四：四四―五三頁
一九八六「インドネシアの伝統的治療薬ジャムゥ―女性の健康増進薬の処方概念の検討」『アーユルヴェーダ研究』一六：七一―七七頁
一九八八『ジャムゥ―インドネシアの伝統的治療薬』東京：平河出版社

田村史子
一九九五「ジャワの伝統治療薬・ジャムウ」『アーユルヴェーダ研究』二五：一八―一九頁
二〇一四「スロカルト王家の儀礼「スカテン」―中部ジャワにおけるイスラームの実践」『筑紫女学園大学・筑紫女学園大学短期大学部紀要』九：一三七―一四九頁

寺林　進

二〇一四　『身近な薬草活用手帖』東京：誠文堂新光社
東方孝之
二〇二一　「新型コロナ禍のなかのインドネシア三―新型コロナ対策予算とその財源」『IDEスクエア世界を見る眼』一―一〇頁、info:doi/10.20561/00052124
フォスター、G・M／アンダーソン、B・G
一九八七　『医療人類学』中川米造監訳、東京：リブロポート
ヘルマン、セシル・G
二〇一八　『ヘルマン医療人類学―文化・健康・病い』辻内琢也監訳責、東京：金剛出版
間瀬朋子
二〇一一　「インドネシア中部ジャワ州ソロ地方特定地域における人間関係と出かせぎ様式」『東南アジア地域研究』四八（四）：三六七―三九一頁
松岡佐知
二〇二〇　『南インドに生きる医療―制度と多元性のあいだ』東京：風響社
松原正道
二〇〇四　「バリの風土と家系について考察四」『淑徳大学社会学部研究紀要』三八：三二九―三五三頁
安江明夫
二〇一〇　「ヤシの葉写本研究ノート」『研究年報』学習院大学文学部、一〇五―一四〇頁
由田宏一
二〇〇五　『有用植物和・英・学名便覧』札幌：北海道大学図書刊行会
吉田正紀
二〇〇〇　『民俗医療の人類学―東南アジアの医療システム』東京：古今書院
リー・クーンチョイ
一九七九　『インドネシアの民俗―民族精神をさぐる旅』伊藤雄次訳、東京：サイマル出版
Badan Penelitian dan Pengembangan Kesehatan, Balai Besar Penelitian dan Pengembangan Tanaman Obat dan Obat Tradisional
n.d.　Profil. Karanganyar: Balai Besar Penelitian dan Pengembangan Tanaman Obat dan Obat Tradisional（インドネシア語）

BPOM (Badan Pengawas Obat dan Makanan Republik Indonesia)
2005　Peraturan Kepala Badan Pengawas Obat Dan Makanan Republik Indonesia Nomor: HK.00.05.41.1384. Tentang Kriteria Dan Tata Laksana Pendaftaran Obat Tradisional, Obat Herbal Terstandar Dan Fitofarmaka.（インドネシア語）
2023　〈https://www.pom.go.id/new/view/more/berita/144/BAHAYA-BAHAN-KIMIA-OBAT%20BKO%20YANG-DIBUBUHKAN-KEDALAM-OBAT-TRADISIONAL%20JAMU-.html〉（二〇二三年四月二〇日）（インドネシア語）

BPS (Badan Pusat Statistik) Kabupaten Sukoharjo
2021a　Statistik Daerah Kabupaten Sukoharjo Tahun 2021〈Badan Pusat Statistik（bps.go.id）〉（二〇二三年二月二四日）（インドネシア語）
2021b　Kecamatan Nguter Dalam Angka 2021〈Badan Pusat Statistik（bps.go.id）〉（二〇二三年二月二四日）（インドネシア語）

BPS (Badan Pusat Statistik) Kota Surakarta
2023　〈https://surakartakota.bps.go.id/indicator/12/313/1/jumlah-penduduk-menurut-kecamatan-kota-surakarta.html〉（二〇二三年二月二二日）（インドネシア語）

BPS (Badan Pusat Statistik)（RI）
2021　Hasil Sensus Penduduk 2020.〈https://www.bps.go.id/website/images/Hasil-SP2020-ind.jpg〉（二〇二三年二月一六日）（インドネシア語）

Beers, Susan-Jane
2001　*Jamu: The Ancient Indonesian Art of Herbal Healing*. Singapore: Periplus Editions.

CNN Indonesia
2020　Media Asing Soroti Jokowi Minum Jamu untuk Tangkal Corona. 〈https://www.cnnindonesia.com/internasional/20200316113437-106-483794/media-asing-soroti-jokowi-minum-jamu-untuk-tangkal-corona〉（二〇二三年二月二五日）（インドネシア語）

Dinas Kebudayaan dan Pariwisata Kota Surakarta
2023　Top 10 Attractions〈https://solocity.travel/top-10-attractions/〉（二〇二三年二月二四日）

Dinas Kepemudaan, Olahraga dan Pariwisata Provinsi Jawa Tengah
2018　Buku Pariwisata Jawa Tengah Dalam Angka 2018〈qspdf73681Buku Statistik Pariwisata 2018（Final）.pdf（upgris.ac.id）〉（二〇二三年二月一九日）（インドネシア語）

Dinas Kesehatan Kabupaten Sukoharjo

2021　Profil Kesehatan Kabupaten Sukoharjo tahun 2021 〈https://dkk.sukoharjokab.go.id/pages/profil-tahun-2021〉（二〇二三年二月二四日）（インドネシア語）

Dunn, Frederick L.

1976　Traditional Medicine and Cosmopolitan Medicine as Adaptive System. In: *Asian Medical Systems*. Leslie Charles. Berkeley: University of California.133-158.

Elfahmi, Herman J. Woerdenbag, and Oliver Kayser.

2014　Jamu: Indonesian traditional herbal medicine towards rational phytopharmacological use. *Journal of Herbal Medicine* 4（2）: 51–73. Available from: https://doi.org/10.1016/j.hermed.2014.01.002

Geertz, Clifford

1960　*The Religion of Java*. Chicago:The University of Chicago.

Hughes, Charles C.

1968　Ethnomedicine. In: *International Encyclopaedia of Social Science*. New York: Macmillan. 10: 87-93.

IHME (Institute for Health Metrics and Evaluation)

2019　Global Burden of Disease Indonesia. 〈https://www.healthdata.org/indonesia〉（二〇二三年二月一六日）

Irawan, Dadang, Harjanto Prabowo, Engkos Achmad Kuncoro, and Nurianna Thoha

2022　Operation Resilience as a Key Determinant of Corporate Sustainable Longevity in the Indonesia Jamu Industry. *Sustainability*. 〈https://doi.org/10.3390/su14116431〉（二〇二三年四月二一日）

Kementerian Kelautan dan Perikanan（RI）

2023　Jumlah Pulau.Direktorat Pendayagunaan Pesisir dan Pulau-pulau Kecil 〈https://kkp.go.id/djprl/p4k/page/4270-jumlah-pulau〉（二〇二三年二月一六日）（インドネシア語）

Kementerian Kesehatan RI (Republik Indonesia)

2011　*100 Top tanaman obat Indonesia*. Karanganyar: Badan Penelitian dan Pengembangan Kesehatan, Balai Besar Penelitian dan Pengembangan Tanaman Obat dan Obat Traditional.（インドネシア語）

2019　*Laporan Nasional Riskesdas 2018* Jakarta: Lembaga Penerbit Badan Penelitian dan Pengembangan Kesehatan. 〈http://repository.bkpk.kemkes.go.id/3514/〉（二〇二三年二月一五日）（インドネシア語）

2022 Profile Kesehatan Indonesia 2021. Jakarta: Kementerian Kesehatan Pepublik Indonesia.〈Profil-Kesehatan-2021.pdf（kemkes.go.id)〉（二〇二三年二月一七日）（インドネシア語）

Kementerian Perindustrian RI (Republik Indonesia)

2017 Industri Jamu Tumbuh 10 Persen dan Serap 15 Juta Orang〈https://kemenperin.go.id/artikel/17906/Industri-Jamu-Tumbuh-10-Persen-dan-Serap-15-Juta-Orang〉（二〇二三年五月一〇日）（インドネシア語）

2018 Kemenperin Meramu Industri Obat Tradisional Berproduksi Secara Modern〈https://kemenperin.go.id/artikel/19829/Kemenperin-Meramu-Industri-Obat-Tradisional-Berproduksi-Secara-Modern#:~:text=Hingga%20kini%2C%20terdapat%201.247%20industri%20jamu%20yang%20terdiri,Tradisional%20%28UMOT%29%20dan%20Usaha%20Kecil%20Obat%20Tradisional%20%28UKOT%29.〉（二〇二三年四月一日）（インドネシア語）

Laplante, Julie

2016 Becoming-plant: Jamu in Java, Indonesia. In Elizabeth Anne Olson and John Richard Stepp eds., *Plants and Health: New Perspectives on the Health-Environment-Plant Nexus*. Switzerland: Springer. 17–65. Available from: 〈https://perpus.univpancasila.ac.id/repository/EBUPT180620.pdf#page=28〉（Accessed 11 November 2022）

Limyati, D. A., and B. L. Juniar

1998 Jamu gendong, a kind of traditional medicine in Indonesia: The microbial contamination of its material and end products. *Journal of Ethnopharmacology* 63（3）: 201–208.

Minyak Tawon

2023 〈https://www.minyaktawon.net/〉（二〇二三年二月一二日）（インドネシア語）

Mustika Ratu

2023 〈https://mustika-ratu.co.id/our-brands/〉（二〇二三年二月二二日）（インドネシア語）

Riswan, Soedarsono and Harini Sangat-Roemantyo

2002 Jamu as traditional medicine in Java, Indonesia. *South Pacific Study* 23（1）: 1–10.

Roosita, Katrin, Clara M. Kusharto, Makiko Sekiyama, Yulian Fachrurozi, and Ryutaro Ohtsuka

2008 Medicinal Plants Used by the Villagers of a Sundanese Community in West Java, Indonesia. *Journal of Ethnopharmacology* 115: 72-81. https://doi.org/10.1016/j.jep.2007.09.010

Sido Muncul

2023 〈https://www.sidomuncul.co.id/en/business_opportunity.html〉（二〇二三年四月二〇日）

Sugino, Yoshimi, Triana Hertiani and Katrin Roosita

2022 Relationship between Customers and *Jamu Gendong* in Central Java, Indonesia: Focusing on the Use of Herbal Beverages in Daily Life. *People and Culture in Oceania* 38: 51-67.〈https://www.jstage.jst.go.jp/article/jsos/38/0/38_51/_pdf〉（二〇二四年二月一九日）

Sutarjadi, Abdul Rahman, Ni Luh Indrawati

2012 *Jamu, Obat Asli Indonesia Pusaka Leluhur Warisan Nasional Bangsa*. Jakarta: Kompas Gramedia（インドネシア語）

Tilaar, Martha, Wong Lip Wih and Anna Setiadi Ranti

2010 *The Green Science of Jamu*. Jakarta: Dian Rakyat（インドネシア語）

Torri, Maria Costanza

2012 The JAMU System in Indonesia: Linking Small-Scale Enterprises, Traditional Knowledge and Social Empowerment Among Women in Indonesia. *Journal of International Women's Studies* 13（1）: 35-45. 〈https://vc.bridgew.edu/cgi/viewcontent.cgi?article=1055&context=jiws〉（二〇二三年四月二三日）

2013 Knowledge and Risk Perceptions of Traditional Jamu Medicine among Urban Consumers. *European Journal of Medicinal Plants* 3（1）: 25-39.

UNESCO (United Nations Educational, Scientific and Cultural Organization)

2023 Jamu Wellness Culture〈https://ich.unesco.org/en/RL/jamu-wellness-culture-01972〉（二〇二四年二月一六日）

Unit Pelaksana Fungsional Hortus Medicus Tawangmangu

2020 〈https://www.facebook.com/UPFHortusMed/photos/a.469551106453825/2779329822142597/〉（二〇二三年三月一四日）（インドネシア語）

WHO (World Health Organization)

2019 WHO Global Report on Traditional and Complementary Medicine 2019.〈https://www.who.int/publications/i/item/978924151536〉（二〇二三年二月二二日）

2022 Noncommucable Diseases.〈Noncommunicable diseases（who.int）〉（二〇二三年二月一七日）

2023 WHO Coronavirus（COVID-19）Dashboard.〈Indonesia: WHO Coronavirus Disease（COVID-19）Dashboard With Vaccination Data | WHO Coronavirus（COVID-19）Dashboard With Vaccination Data〉（二〇二三年二月二一日）

略語

B2P2TOOT：*Balai Besar Penelitian dan Pengembangan Tanaman Obat dan Obat Tradisional*、国立薬用植物・伝統薬研究開発所
BPOM：*Badan Pengawas Obat dan Makanan*、国立医薬品食品監督庁
BPS：*Badan Pusat Statistik*、中央統計局
CAM：Complementary and Alternative Medicine、補完代替療法
CPOTB：*Cara Pembuatan Obat Tradisional yang Baik*、適切な伝統薬の製造方法
GDP：Gross Domestic Product、国内総生産
GPS：Global Positioning System、衛星測位システム
IHME：Institute for Health Metrics and Evaluation、保健指標評価研究所
IOT：*Industri Obat Traditional*、大規模な伝統薬製造会社
KOJAI：*Koperasi Jamu Indonesia*、ジャムウ組合
KOTRANAS 2007：*Kebijakan Obat Tradisional Nasional 2007*、伝統医療国家政策二〇〇七
NCCAM：National Center for Complementary and Alternative Medicine、国立補完・代替療法センター
NCDs：Non Communicable Diseases、非感染性疾患
PPKM：*Pemberlakuan Pembatasan Kegiatan Masyarakat*、緊急活動社会制限措置
PSBB：*Pembatasan Sosial Berskala Besar*、大規模社会制限
RI：Republik Indonesia、インドネシア共和国
RT：*Rukun Tetangga*、隣組
SJSN Health：*Sistem Jaminan Sosial Nasional Program Jaminan Kesehatan*、国民医療保険
UKOT：*Usaha Kecil Obat Tradisional*、小規模の伝統薬製造会社
UMOT：*Usaha Menengah Obat Tradisional*、中規模の伝統薬製造会社

あとがき

筆者はインドネシアと縁を持ち12年目となる。2011年青年海外協力隊でジャカルタの空港に到着した時、その後伝統薬ジャムウを探求することになるとは想像できなかった。筆者がインドネシアのいくつかの島を訪れた時、地域や民族によって気候や環境、話し方、生活、文化がずいぶん違う事に驚き、それぞれの特徴に興味を持った。多民族が一つの国家を成すインドネシアで、筆者自身の考え方など視野を随分広げさせてもらった。そして、人と薬草がかかわる場所を目にする度に、筆者の好奇心に火が付いた。

好奇心から始まった薬草、ジャムウの探求は、ジャムウ行商婦人G氏やそのご家族、顧客、村人、薬草関係者、インドネシアの知人等彼らの温かい協力なしに実現はできなかった。また指導教員の古澤拓郎先生(京都大学大学院アジア・アフリカ地域研究研究科)、カウンターパートのKatrin Roosita先生とTriana Hertiani先生、東南アジア地域研究専攻の先生方、先輩、院生仲間などからご助言をいただき、筆者の狭い研究視点を広げ多くの気づきを頂いた。本書の作成にあたり、風響社の石井雅さん、委員会の先生方にもお世話になった。ここで皆様に御礼を申しあげる。日頃から筆者の研究を応援してくれる家族にも感謝している。

研究資金は、京都大学学生海外研究活動助成金と日本学生支援機構の支援によるエクスプローラープログラム、平和中島財団日本人留学生奨学金、京都大学東南アジア地域研究研究所「東南アジア研究の国際共同研究拠点」、JST次世代研究者挑戦的研究プログラムJPMJSP2110と多大なる援助を頂いた。また、ボゴール農業大学の『人を対象とする研究の倫理委員会』の承認とインドネシア科学技術省の調査許可を得ている。

調査や研究ができることに感謝し、ブックレットとして一つの形にまとめることができたことに大変嬉しく思う。Terima kasih banyak.

著者紹介

杉野好美（すぎの よしみ）

1982年　愛媛県生まれ。
2005年　高知大学医学部看護学科卒業
民間の病院、保健所、保健センター等で保健師として勤務を経て、2011年からJICAの青年海外協力隊（保健師）でインドネシアの南スラウェシ州タカラール県の保健局、さらに同州ブルクンバ県の保健局（保健師）で地域保健活動を行う。2015年からインドネシアの中部ジャワ州スマラン市の大学の伝統的薬草療法コースに留学。帰国後、日本で保健師として働きながら、ジャムウ教室を主宰。現在、京都大学大学院　アジア・アフリカ地域研究研究科　博士課程。
1児の母。
主な業績：“Relationship between Customers and *Jamu Gendong* in Central Java, Indonesia: Focusing on the Use of Herbal Beverages in Daily Life.” *People and Culture in Oceania*（2022）38:51-67, 共著、『〈フィールドワーク便り〉都会の一角に小さなオアシス「薬草園」』（アジア・アフリカ地域研究、18（2）206-209、2019年）。

薬草とともに生きる　インドネシアのジャムウ行商婦人と顧客

2024年3月15日　印刷
2024年3月25日　発行

著　者　杉野好美

発行者　石井　雅
発行所　株式会社　風響社

東京都北区田端4-14-9（〒114-0014）
TEL 03（3828）9249　振替 00110-0-553554
印刷　モリモト印刷

ISBN978-4-89489-365-8　C0039